家國情懷源香江
復興夢耀中華

香港愛國同鄉社團
紀念改革開放40周年

紫荊出版社

序一

香港特別行政區
行政長官　林鄭月娥

　　2018年是國家改革開放40周年，對國家和香港來說，意義重大。在這個歷史時刻，回顧國家改革開放的發展歷程，不僅讓我們清楚看到國家在各方面取得的巨大成就，更讓我們深刻體會香港在國家改革開放過程中所發揮的重要作用。大家亦正好藉此時機，展望香港未來應如何把握國家深化改革開放的發展機遇，開拓前進，再創佳績。

　　過去40年，國家在經濟、社會、民生各方面的發展取得驕人成就；在這個進程中，香港一直擔當重要的角色。正如國家主席習近平今年11月在北京會見香港澳門各界慶祝國家改革開放40周年訪問團時表示，"在國家改革開放進程中，港澳所處的地位是獨特的，港澳同胞所作出的貢獻是重大的，所發揮的作用是不可替代的"，高度肯定香港在國家改革開放進程中所作出的貢獻。

　　改革開放初期，大批港商率先到內地投資，為國家引進外來資金、管理經驗和生產技術，推動內地工業蓬勃發展。香港亦乘勢轉型，由昔日的製造業中心，發展為現在的國際金融、貿易和航運中心。香港在過去40年一直與國家共同發展，在改革開放的道路上，既是"貢獻者"，亦是"受惠者"，與國家"同發展"、"共繁榮"，分享了改革開放的豐碩成果。今天，香港繼續把握國家深化改革開放所帶來的機遇，積極參與"一帶一路"建設和粵港澳大灣區發展，利用"一國兩制"的獨特優勢，充分發揮連接內地與世界的橋樑角色。

由過去到現在，香港成功把握國家改革開放所帶來的機遇，同時又以自身所長，服務國家，從投資興業以至扶貧助困，在多個方面發揮重要作用，實有賴不同界別人士的付出和努力。由紫荊雜誌社出版的《家國情匯香江　復興夢耀中華》一書，載述40位香港同鄉社團領袖和義工團體領袖參與國家改革開放的親身經歷和體會。一個個鼓舞人心的故事、一幅幅彌足珍貴的照片，不僅見證國家改革開放40年以來的飛躍發展，亦記錄了香港人投身國家改革開放事業的幹勁、熱誠和成就。

衷心感謝書中一群愛國愛港領袖在過去40年為國家、為香港所作出的非凡貢獻。他們敢為人先的進取精神、愛國愛港的家國情懷，是香港的財富、香港的發展力量。期望在未來的日子，社會各界人士繼續與特區政府並肩同行，積極參與國家的未來發展，為國家和香港開創下一個光輝里程。

香港特別行政區
行政長官林鄭月娥
2018年12月

序二

中央人民政府
駐香港特別行政區
聯絡辦公室主任　王志民

今年是改革開放40周年。40年前，中國共產黨十一屆三中全會作出把工作重心轉移到經濟建設上來的歷史性決策，開啓了改革開放的歷史新時期。習近平總書記指出，改革開放是黨和人民大踏步趕上時代的重要法寶，是堅持和發展中國特色社會主義的必由之路，是決定當代中國命運的關鍵一招，也是決定實現"兩個一百年"奮鬥目標、實現中華民族偉大復興的關鍵一招，是中國和世界共同發展進步的偉大歷程。40年來，我國國內生產總值按可比價格年均增長約9.5%，躍居全球第二大經濟體；對外貿易額以美元計算年均增長14.5%，成為全球最大貿易國；7億多貧困人口成功脫貧，占同期全球減貧人口總數70%以上；連續多年對世界經濟增長貢獻率超過30%，成為全球經濟增長的"主引擎"；提出構建人類命運共同體的中國方案，積極履行國際義務和責任……所有這些，都深刻證明，改革開放讓中國人民迎來了從站起來到富起來、強起來的偉大飛躍。

習近平總書記去年"七一"視察香港時曾深情地說，"香港同胞一直積極參與國家改革開放和現代化建設，作出了重大貢獻。對此，中央政府和全國人民從未忘記"。今年11月12日，習近平總書記在會見港澳各界慶祝國家改革開放40周年訪問團時進一步把港澳同胞和社會各界人士在改革開放中發揮的作用精闢概括為投資興業的龍頭作用、市場經濟的示範作用、體制改革的助推作用、雙向開放的橋樑作用、先行先試的試點作用和城市管理的借鑒作用，並深刻指出："在國家改革開放進程中，港澳所處的地位是獨特的，港澳同胞所作出的貢獻是重大的，所發揮的作用是不可替代的""40年來，港澳同胞在改革開放中發揮的作用是開創性的、持續性的，也是深層次的、多領域的"。習近平總書記的重要講話充分肯定了港澳在國家改革開放中發揮的巨大作用和作出的重要貢獻。

改革開放之初，當世界對剛剛打開國門的中國還在猶豫、觀望的時候，是香港同胞懷著赤忱的愛國之心和敢為天下先的精神，率先到內地投資建廠。內地第一家中外合資企業、第一個由境外人士開辦的工廠、第一家外資銀行分行、第一座五星級酒店、第一條中外合資高速公路，都是香港同胞的貢獻。香港回歸祖國後，充分發揮"一國兩制"優勢,與內地的聯繫更加緊密。香港不僅持續成為內地最大直接投資者,而且在法律、金融服務等方面積極協助內地企業走向國際舞臺,並已成為全球最大的離岸人民幣業務中心和支付結算中心。不少香港同胞還擔任了人大代表、政協委員,為國家各項事業發展建言獻策。特別是黨的十八大以來,以習近平同志為核心的黨中央以前所未有的決心和力度推進全面深化改革,全面擴大開放,發出了改革開放再出發的號召。香港積極響應,主動圍繞國家所需,貢獻自身所長。在"一帶一路"建設中,香港積極發揮自身在資金、對外聯繫、專業服務等方面的優勢,對"一帶一路"項目給予大力支持。在粵港澳大灣區建設中,香港積極參與規劃,主動務實作為,正在與內地一道為打造這一充滿活力的世界級城市群、國際科技創新中心、"一帶一路"建設的重要支撐、內地與港澳深度合作示範區和宜居宜業宜遊的優質生活圈而共同努力。正如習近平總書記所指出,"40年改革開放,港澳同胞是見證者也是參與者,是受益者也是貢獻者。港澳同胞同內地人民一樣,都是國家改革開放偉大奇跡的創造者"。40年來,香港與國家同發展、共繁榮,"國家好,香港好;香港好,國家更好"已經成為改革開放所成就的"中國故事"的精彩篇章。

紫荊雜誌社編輯出版的這本書,講述了不同歷史階段香港同鄉社團領袖投身國家改革開放事業的親身經歷,真實生動,打動人心。許多珍貴的歷史照片是第一次公之於眾，為偉大時代留下了寶貴剪影。在香港，同鄉社團領袖大多同時是政商界、專業界領袖。他們愛國愛港，堅定擁護"一國兩制"，為香港回歸祖國和回歸後保持繁榮穩定作出了突出貢獻；他們敢闖敢幹，積極參與國家改革開放，胼手胝足、創業有成；他們樂善好施，熱心公益慈善，為促進內地各項事業發展出錢出力，興學助教、扶危濟困。本書講到的不少故事，也是我三次來港工作中與他們的共同經歷。今日重溫、感慨萬千。國家改革開放和現代化建設能夠取得舉世矚目的成就，離不開眾多像他們一樣的香港同胞的積極參與；香港能夠借改革開放東風發展成國際金融、航運和貿易中心，也離不開眾多像他們一樣的香港同胞的開拓奮進。他們的故事應當載入史冊，他們的精神定會發揚光大！

當前，國內外形勢正在發生複雜而深刻的變化，日益走近世界舞臺中央的中國將如何應對？如何決擇？又一次為世人所關切、所矚目。今年以來，習近平總書記在博鰲論壇、上合青島峰會、首屆中國國際進口博覽會以及亞太經合組織會議、APEC領導人非正式會議、二十國集團領導人峰會等重大國際會議上，反復強調中國進一步深化改革、擴大開放的重大決策。特別是今年10月，習近平總書記再次視察廣東，深刻闡述改革開放的重大意義，鄭重宣示中國改革不停頓、開放不止步的堅定決心，並親自見證港珠澳大橋這一"圓夢橋、同心橋、自信橋、復興橋”的開通，讓廣大香港同胞又一次回憶起改革開放40年來與內地人民攜手“逢山開路，遇水架橋”的奮鬥歷程，更加堅定了在變幻不定的國際形勢面前通過融入國家發展大局續寫獅子山下新傳奇的信心。在會見港澳各界慶祝國家改革開放40周年訪問團時，習近平總書記明確表示，在新時代國家改革開放進程中，香港、澳門仍然具有特殊地位和獨特優勢，仍然可以發揮不可替代的作用。希望香港同胞能夠更加積極主動助力國家全面開放，更加積極主動融入國家發展大局，更加積極主動參與國家治理實踐，更加積極主動促進國際人文交流。這與習近平總書記去年“七一”視察香港時鄭重宣告的“我們既要把實行社會主義的內地建設好，也要把實行資本主義的香港建設好”一脈相承。

在實踐中堅持和發展改革開放和“一國兩制”兩大基本國策，是實現“兩個建設好”的必由之路。對香港來說，“一國兩制”是最大的優勢，國家改革開放是最大的舞臺。我相信，只要廣大香港同胞始終堅守“一國”之本、善用“兩制”之利，積極融入國家發展大局，把香港國際聯繫廣泛、專業服務發達等優勢同內地市場廣闊、產業體系完整、科技實力較強等優勢結合起來，不斷提升香港在新時代國家高品質發展和形成全面改革開放新格局中的地位和作用，就一定能不斷增強香港同胞的參與感、成就感、幸福感、獲得感，共同書寫好新起點新征程上香港"一國兩制"成功實踐的嶄新篇章。

很榮幸、很欣喜、很驕傲，在國家改革開放40周年之際，香港同胞和內地人民攜手再出發，繼續以真摯的愛國熱忱、敢為人先的精神投身國家改革開放事業，順時而為，乘勢而上，在融入國家發展大局中實現香港更好發展，共同譜寫中華民族偉大復興的時代篇章！

是為序。

中央人民政府駐香港特別行政區
聯絡辦公室主任王志民
2018年12月

目錄

父親包玉剛參與改革開放的歷程

文/ 包陪慶
原全國政協委員、已故船王包玉剛長女

　　我生於抗戰勝利時的“陪都”重慶，所以，爸爸為我取名“陪慶”，就是為了紀念這個偉大的勝利。作為家中的長女，父親總是最重視對我的管教，而我亦有幸陪伴在他身邊，多次出席鄧小平先生、撒切爾夫人、英國外相等政要的會見，與他一起見證了中國騰飛和崛起過程中諸多重要的時刻：兆龍飯店的奠基、中英聯合聲明的簽署、寧波大學的落成……

捐建兆龍飯店

　　1977年10月，爸爸致信國務院僑辦，表達了想要訪問北京的願望。第二年他達成心願，帶著媽媽和我一起登上了前往北京的飛機。我們到達入住北京飯店時，全家人擠在一間房裡。從時任國家旅遊總局局長盧緒章先生那裡，爸爸了解到北京的酒店客房嚴重短缺，於是爸爸萌生了向國家捐贈一座現代化酒店的想法，希望引進國際化的管理帶動中國旅遊業發展。可是，當時沒人敢接受一個資本家的錢，何況爸爸還提出要以爺爺的名字來給酒店命名。這件事，在1980年，爸爸初次見到中國改革開放"總設計師"鄧小平時得到了解決。見面時，爸爸告訴鄧公，自己已經和國內簽約成立了中外合資公司，而且已向上海滬東造船廠訂購了兩艘船，還準備再訂四艘。鄧公稱讚道："你是通過做實業來愛國家，與眾不同。"交流中，爸爸忍不住向鄧公提出了捐建酒店的請求，他爽快地答應了，並且親自為酒店提名，後來還破天荒地出席了兆龍飯店的剪彩儀式，這是兆龍飯店的殊榮。

與鄧公的會面，令爸爸的心情久久不能平靜，他認為鄧小平有魅力、有擔當，以他的開明、睿智及堅強的毅力，定能帶領中國實現現代化。後來每次去北京，爸爸就會讓我到香港文華酒店買上兩打剛出

■ 中國改革開放"總設計師"鄧小平會見世界船王包玉剛爵士

爐的法式羊角麵包帶給鄧公。與鄧公見面時，爸爸大多讓我作陪，我後來領悟到，那是爸爸在培養我的國家觀念和奉獻精神，增加我對中國的了解。爸爸和鄧公，這兩位我所敬仰的人，他們都有開通的思想、開闊的心胸，都抱著對祖國堅貞不渝的忠誠，又在強國富民的共同理想下成為了摯友。

一根繩子和中英兩國的談判

爸爸認為香港回歸祖國，是香港必然的歸宿。在中英談判多次陷入僵局時，爸爸都從中斡旋，好像充當引擎的潤滑劑。為了架起雙方交流的橋樑，爸爸動足了腦筋，多次借約撒切爾先生打高爾夫的名義和撒切爾夫人談香港形勢，甚至寧可自己做虧本生意也在所不惜。

1981年10月，就在中英談判針鋒相對、寸步不讓的時候，爸爸帶著

■ 英國首相撒切爾夫人來上海為包玉剛訂造的新船主持下水儀式

家國情匯　香江　復興夢耀中華

我和海文來到唐寧街，給撒切爾夫人帶去了一份特殊的聖誕禮物——一根普通的跳繩。爸爸認真地對她說："首相，您可以像我一樣，每天跳繩，不但可以強化心臟，還可減輕腦力負擔。我保證它能為您解決一切問題！"這一下可把撒切爾夫人逗樂了。

那時，造船業已是英國的夕陽產業，很多船廠面臨著被關閉的窘境，而爸爸剛在英國的哈蘭德與沃爾夫船廠定了一條船。因為他是航運界的風向標，他的選擇，無疑給英國造船業打了一劑強心針。這份訂單是爸爸唯一一筆虧本生意。更巧妙的是，他在上海也定了一艘同樣規格的姊妹船，更特意邀請撒切爾夫人來主持下水儀式，想讓她以非官方身份來到上海，看看迅猛發展的中國。撒切爾夫人的上海之行堪稱破冰之旅，創下了英國領導人支持中國造船業的首例。下水儀式後，她很快就轉往北京，不久，中英雙方就香港回歸達成了共識。

後來有人告訴我，爸爸是唯一一個中英兩國領導都能信任的人。是的，在中英談判那兩年，鄧公的信任讓爸爸一下子找到了為國效勞的動力，他不斷穿梭在倫敦和北京之間，努力縮小分歧，有如在盡一個外交官的職責，卻沒有任何的官方任命，還要貼上大筆的餐旅費和虧本的生意。傳媒一直把他稱為"政治媒人"或是"民間大使"。1984年12月，爸爸作為嘉賓，應邀出席了在人民大會堂舉行的中英香港問題聯合聲明簽署儀式，當時我也在場。父女兩人共同成為這一歷史時刻的見證人。

寧波大學和計劃單列市的設立

1984年以後，家鄉"寧波"的名字開始高頻率地出現在爸爸的話

寧波大學創辦人、已故船王包玉剛
的長女包陪慶一亮相即贏得全場師
生雷鳴般的掌聲

包陪慶於寧波大學30周年校慶典禮演講

語中。對他來說，寧波雖然已經40多年沒回去，但卻是始終無法忘懷
的故鄉。而我雖從小生活在香港，但一聽到寧波鄉音就倍感親切，就
會想起爸爸那寧波腔的普通話。

改革開放初的寧波百廢待興，爸爸提筆寫下了"開放寧波，振興
中華"八個字，決心為家鄉脫貧致富盡一臂之力。第一件事，便是捐
資2,000萬美元在寧波興建一所大學。這件事得到鄧公的大力支持，他
親自提寫了校名。寧大建成之後，爸爸一共五次前往考察，他辭世之
後，我繼續為寧大的發展出力：捐資為寧大設立教師基金；興建四號
教學樓；設立國際客座教授基金；請求中央批准寧大設立碩士、博士
學位……我還鼓勵其它寧波鄉里向大學慷慨捐贈，從1995年至今，總共
有超過50位海外寧波幫人士向寧大捐資近2億元。至今，在寧波大學旁
的公園裡，矗立著鄧公與爸爸握手的銅像，上面鐫刻著"寧波幫、幫
寧波"的字樣，當年我和妹妹有幸替銅像揭幕。

心繫家鄉的爸爸在見到鄧公時，多次提及寧波的港口優勢，而鄧公很相信爸爸的眼光。在爸爸的提議下，國務院成立了寧波經濟開發特別協調小組，這是第一個為集中研究討論一個中等城市發展而建立的協調小組，爸爸親自擔任顧問。收到蓋有國務院大紅印章的顧問聘書後，爸爸興奮地對我說："這是空前的榮譽！我是寧波大使，寧波的事就是我的事！"協調小組成立三年中，先後在北京、寧波、深圳開了6次會，爸爸從未缺席。討論的內容從北崙港鋼鐵廠到寧波大學、櫟社機場的建設，無所不包。1987年，寧波被國務院定為計劃單列市，寧波抓住機遇快速騰飛，不但減少了審批，還節省了稅收，用於造橋鋪路、建設機場，而有了機場，又方便了投資者。後來港龍航空的飛機能夠往返寧波，完全得益於有個機場。相信故鄉寧波和祖國人民不會忘記他為國家改革開放所付出的辛勞和貢獻！

圖書館和教育興國的夢想

1970年代末，爸爸以爺爺的名義向國家教育部捐贈了100萬美元，成立了"包兆龍留學生獎學金"。教育部利用這筆錢在全國遴選了21位優秀學生，成為首批留學生。《中英聯合聲明》簽署後，爸爸又提出了"中英友好獎學金計劃"，用於資助中國學生留學英國。這項計劃由包玉剛爵士基金會和中國政府共同分別出資1,400萬英鎊，英國政府出資700萬英鎊組成，在十年間，一共支持了1,728名學者赴英留學，既有助於緩和兩國關係，又便於中國吸取英國的先進技術，可謂一舉兩得。在計劃的簽約儀式上，中英雙方領導人都出席了，大家目標一致，合力培育下一代，而爸爸又一次發揮了中英關係"潤滑劑"的作用。

1980年，為響應六機部部長柴樹藩的提議，爸爸決定捐款1,000萬美元為上海交通大學建造包兆龍圖書館。由於實際費用只花了原來的一半，節約下來的錢後來又在交大的閔行校區建造了第二座圖書館。只可惜，落成時，爸爸已經雲遊天國，我便用爸爸的名字給新的圖書館命名。2007年，我創辦了上海包玉剛實驗學校，選擇在交大圖書館舉辦落成典禮。在這個承載了爸爸教育夢想的地方，我和小兒子蘇文駿一起舉行了第一次招生宣講會，我們堅持在學校採用中國課程，學生要唱國歌、升國旗，融合中西文化精髓。爸爸"教育強國"的夢想，會由包家的第二代、第三代人來堅持下去。

■ 特首林鄭月娥訪問上海期間，觀賞包玉剛實驗學校學生
演奏中國民族樂器後合影

回憶爺爺余達之：
香港工業教育者的輝煌成就

文/ 余皓媛
香港惠陽商會名譽會長余達之孫女、香港小童群益會委員

　　余達之先生為香港上世紀40年代至60年代重要的工商業家，曾出任多個重要商會和公司的要職，包括香港中華廠商聯合會副會長、中華廠商聯合會榮譽會長、九龍總商會副理事長、先施有限公司董事等，在工商界極具名望，他更積極貢獻社會，擔當香港小童群益會副會長、東華三院總理等，他對於小孩的教育尤為重視。

創立又一村學校

　　當時余先生被政府委託擔任工商處諮詢委員、技術教育及職業訓練局常務委員、工商貿易顧問委員會勞工顧問等職位，因他對當時香港的工業擁有相當的洞見，多次公開地要求政府改善工業技術，明了工業教育依賴自幼對兒童的教育和培養，故此他積極推動香港教育的進程。余達之一向強調教育制度的連貫性和兒童受教育的機會，他曾

言：〝香港原為東方之珠，亦為吾人隱集之區，而教育事業，自應緊隨世界科學進步潮流，迎頭趕上，更宜針對目前國家社會狀況，切實施教，為下一代人材著想。〞

出任又一村建設有限公司主席時，他創立又一村學校，當時就已有開辦幼兒班和小學，並強調學費低廉，更以兒童為本，連貫的教育令又一村學校廣獲好評，從1956年創校至今已62年，依舊為香港頂尖的幼兒學校，於2017年更蒙獲國家主席習近平夫人彭麗媛到臨光耀該校。

余達之更出任龍總中文小學校監一職，該校與九龍總商會英文中學有著相當的聯繫，九龍總商會英文中學一直強調學習工業技術，不少的畢業生成為香港重要的工業家，這些工業家在國家改革開放初期成為推動廣東工業的重要力量。他重視工人的福利，更關注到工人子女的教育問題，故他多次呼籲工商同業為工人子女提供教育，並知行

■ 改革開放前期，余達之熱心教育，以又一村學校董事長身份為考獲全港最佳成績的學生頒發銀杯

合一，他於其濟隆糖薑廠內設免費的學校，一方面提供更多的學習機會，另一方面大幅提升工人的向心力，有關的做法被一些改革開放初期就遷到內地的企業所使用，協助推動內地教育。余達之的教育抱負更延展到高等教育，他被委任為香港大學校董，當中大力推動與工商業相關的學科，他更是少數於五六十年代便引入國外工商管理知識的工商家。

余達之為培育香港的學子，大量捐贈獎學金予又一村學校、香港小童群益會等，助貧苦學子受教育，更在他任中華廠商會副理事長期間捐贈大筆工業發展金予香港工業專門學院（工專，即現時香港理工大學），大力推動香港的高等院校發展。以上種種可見余達之對教育的貢獻極大，為往後香港的工商界和教育界的發展奠下基礎，有關的基礎也轉化為內地改革開放的推動力。

引進工業技術，推進工業教育

1978年內地推行改革開放，當時香港成為深圳等新興城市的學習對象，學界更有"深圳香港化"的說法，甚至香港的發展經驗成為廣東各市在改革開放初期的重點研究對象。當然有關內容極為詳盡，於此僅取教育方面作一簡論，當時中央政府發現人才的問題關乎一個地區的興衰之事，故著手研究香港的教育特色，主要歸納出以下三點：重視教育的連貫性、強調工業培訓、關注技術引入。香港的教育發展有賴一些高瞻遠矚的工商家和慈善團體奠下根基，他們自發地辦學或捐助金錢，當中涵蓋幼兒園至高等院校的各種教育機構，使廣大的學子接受教育，在連貫的教育下，學生獲得的知識更為全面，並帶動整

11

改革開放前期，余達之帶領華資企業參與英國工業製品展覽會期間，向英國商人介紹華資商品

個社會穩步發展。因社會知識水平普遍逐漸提升，工業家能引入更先進、複雜的技術，提升生產效率，成為工業第二次轉型的關鍵，甚至為經濟結構進一步向高知識、高水平的服務業邁進。

香港自四五十年代之際，黃金工業時代開始萌芽，社會各界對工業技術開始重視，故有公營與私營的各種工業培訓渠道。政府早於1937年成立香港理工大學的前身香港官立高級工業學院，以提升香港的工業知識水平，後來獲工商界大力推動，1972年正式成為理工學院，是香港第一所由政府資助、提供專上程度工科教育的院校，多年來培育大部分香港工業人才，當中不少更響應改革開放，將有關的工業技術遷至內地。隨著技術需求上升，香港政府更成立職業訓練局，加強對在職人才培訓，每年招收近二萬名學員，可說是當時成人教育的重要途徑，為各行業不斷進步提供足夠、穩固的基礎。

各行業的技術創新不斷，要令工業、服務業等行業持續發展，實有賴商家、政府關注和引進新技術，部分香港商家對此極為看重，他們極力籌組工業外訪團，余達之為當時外訪的先驅者，多次到訪當時的工業大國英國、德國、加拿大、日本等國家，甚至多次代表香港出席遠東經濟會議，為香港引進工業技術，促成香港的工業奇蹟。

　　有見香港的成功，廣東各地，以至中央政策開始學習香港的教育，著手加強教育的連貫性，1986年第六屆全國人民代表大會第四次會議通過《中華人民共和國義務教育法》，將以往的義務教育改為免費教育，令內地學生獲教育保障。同時，香港的兒童教育制度開始被中央政府所看重，教育的銜接逐步優化，1981年中央政府頒布《學前教育綱要（試行草案）》，更於90年代進行全面的改革，內地的學前教育漸趨完善。各地政府更開始重視高等教育，大量的外來商家也大力支

▓ 余達之與中華廠商聯合會同仁到日本學習紡織工業技術。圖為在機場合影

持高等教育，當中以改革開放成效最大的珠三角城市最能突顯引入香港教育制度後的影響。1979年，整個廣州小學的在校人數為583,400人，中學的在校人數為333,650人，中等技術的在校人數為26,648人，高等院校的在校人數為26,982人。因改革開放的成果顯著，加上各市政府強化對教育的支援，內地教育環境況大為進步，整個廣州小學的在校人數為733,400人，中學的在校人數為379,505人，中等技術的在校人數為200,105人，高等院校的在校人數為108,378人。各項教育數據均有很大的進步，尤以高等教育的情況極為顯著，這促成改革開放四十年珠三角城市依然保持強勁的增長，當然有關的成果不能全歸功於引入香港的工業教育，但當中卻有不可磨滅的作用。

改革開放的超然成功，使珠三角城市的迅速發展，促成中國躍升為世界工廠，回顧開放初期，港商的內遷令工業技術大量湧進，他們往往請香港的專業人士對在職的工人提供培訓，並從外國引進重要的技術，以令產品具相當的競爭力。時至現在，內地的著名企業中大多擁有自己的在職培訓所，令員工緊貼市場需求，深圳甚至成為了世界技術創新的重要基地，2016年深圳的創新能力活躍程度已超過硅谷，平均每一天產生55件發明專利，位居全球第二，同年深圳所獲得的國際專利超越法國、英國。當然創新的發展並非單為培訓之功，更重要為企業與大專院校的通力合作，各地政府參考香港成功的因素後，大力推動珠江三角洲的高等院校發展，大量突破性的研究從各市的大專院校產出，結合日趨成熟的工業技術，令科研創新成為改革開放後帶動經濟的關鍵。

工業界不獨著眼於創新，更重視與世界各地工業的合作，從改革開放初期，中央政府推出大量的補助政策，以吸引世界各國企業於珠三角地區投資和引進工業技術，顯然相關的政策取得極大的成果，使技術不斷進步，現時已在多個範疇中位列世界頂尖水平。以香港作為明鏡，廣東各地政府朝工業教育的目標進發，最大程度上運用資本，在短短40年間已為國際享負盛名的大都會。

改革開放實行至今已40年，廣東城市發展固然超然，更重要的是大力推動工業教育的成效帶動腹地發展，中西部和農村教育明顯加強，經濟、社會建設等方面具明顯進步。改革開放後，內地的經濟保持中高速增長，對世界經濟增長貢獻率超過30%，使7億多貧困人口脫貧，此乃改革開放的重要成果。而現時珠三角州的城市與香港並駕齊驅，以往廣東城市需要借助香港的經驗訂立發展方針，現時香港應學習深圳等國際級智慧城市的成功因素，趕上世界發展的潮流，更應擁抱中央政府提供的發展機遇，如大灣區、"一帶一路"等，以保持香港的國際優勢。期盼中央政府持續推行改革開放，讓香港在國家發展歷程中繼續發揮重要作用，協助國家發展再創高峰。

我的父親唐翔千與改革開放的不解之緣

文/ 唐英年
全國政協常委、香港江蘇社團總會會長

　　在我對父親的記憶裡，最清晰的一個場景是，夏天的海邊，父親帶著我們四個孩子，喝著汽水，吹著海風，赤足走在沙灘上，一串串腳印有大有小，孩子們相互嬉戲，父親開懷大笑。對我們而言，這種場景不多，只要發生過一次，就始終念念不忘。

　　我的父親唐翔千，是香港工商界著名實業家，祖先早在一百多年前開出了無錫有名的唐氏布莊。上世紀50年代初，父親在香港創業，延續了家族紡織事業。此後，他一路打拼，1953年創辦中南紡織廠。1969年成立香港南聯實業公司，曾任香港棉紡同業公會主席，香港工業總會會長、名譽會長，香港總商會副主席。在香港回歸祖國的日子裡，父親擔任香港特別行政區籌備委員會委員和第一屆政府推選委員會委員，香港特別行政區基本法諮詢委員會執行委員會副主席，香港特別行政區第十一屆全國人民代表大會代表選舉會議成員，對籌備成立特區政府貢獻良多，1999年獲金紫荊星章，為實現"一國兩制"建言

2008年，時任香港特區政府政務司司長的唐英年頒發"傑出工業家獎"予其父親唐翔千

獻策。眾多榮譽當中，我最深刻是在2008年，當時我擔任政務司司長，親身頒贈"傑出工業家獎"給父親的那一刻，既溫馨又榮幸。

我在父親身邊長大，父親雖然已經駕鶴仙逝，但是留給我們的精神是不滅的。父親除從商以外，不忘建設祖國，時刻心繫家鄉。今年是國家改革開放40周年，我想在此追憶一下父親在國家改革開放初期的一些往事，以作緬懷。

天山傳奇

1976年，父親準備回內地投資建廠。但當時"文革"尚未結束，各種條條框框很多，父親的投資願望根本無法實現。直到1978年，父親終於在深圳成功開辦了一家紡織廠，擁有數百台織機，成為首位在內地開辦合資紡織企業的港商。自此以後，父親一發不可收拾，頻頻奔赴內地，考察投資環境，尋求投資機會。

　　1979年7月1日，《中華人民共和國中外合資經營企業法》頒布了。11月，父親飛往新疆。從此，他和新疆結下了不解之緣。他投資1,000萬美元，在新疆建立起合資的"天山毛紡織品有限公司"。在20多年閉關鎖國之後，中外合資經營成了"新生事物"，沒有可借鑒的官方文本。於是，父親和新疆計委領導一面商量一面起草，形成文字後上報到國家外國投資管理委員會、中國紡織品進出口總公司審批。當時，國家外資委剛剛成立，如何管理外資是一個全新的課題。他們委派專人前往國家計委、經委、外貿部、財政部等10多個部委登門拜訪，聽取他們的意見。終於，1980年5月，國家外資委以外資審字〔1980〕5號檔正式批准設立中外合資經營新疆天山毛紡織品有限公司。1981年1月1日，新疆天山毛紡織品有限公司正式掛牌成立。

　　■ 唐翔千開拓新疆，與創業者們在一起

我至今記得父親初到烏魯木齊的那段時間，所經歷前所未有的困難，其中，最大的困難來自內地與香港在開辦企業上的觀念差距。當時新疆方面完全是按照計劃經濟體制下的做法，原料是國家計劃供應的，所有成品全部由國家按照統一核定價格收購。但是父親告訴他們，這個廠，與國營企業是不一樣的，國家既不會保證供應原材料，也不會百分百收購成品，一切都得由市場決定。聽父親這麼一說，對方開始搔頭皮了。而說到人的問題，對方認為，不僅董事長一職要由新疆方面出任，所有的人也必須由他們指派。幾經波折，來回談判，觀念逐漸達成相對的一致，最後，雙方簽訂了《羊毛衫、羊絨衫補償貿易協定書》和備忘錄，商定共同投資1,300萬美元，組成一個補償貿易專廠，直屬自治區政府，由自治區副主席親自掛帥。不久，毛紡廠的廠房才破土動工。

　　父親還沒有來得及高興，一連串的麻煩就接踵而來——"水、電、煤、路"等基礎設施，幾乎是和廠房同時開工的，工程進行到一半，政府又拿不出錢，還有原料、品質問題等等，都困擾著父親，光是運輸這件事情，按理說，把貨物從新疆運到香港，兩個星期足夠了，可因為要轉換幾個站點，拖延一二個月不足為奇。要知道羊絨衫、羊毛衫是季節性很強的商品，過了銷售旺季，只能堆在倉庫裡，不但積壓資金，而且風險增加許多，今年流行的款式，到了明年也許就淘汰了。不過，經過方方面面的努力，公司投產後，生產出的羊絨紗、羊毛紗和羊絨、羊毛衫深受國際市場歡迎。"天山毛紡"在成立第三年就扭虧為盈，連續3年被評為"中國十大最佳合資企業"之一，在1989年更是榮登榜首。父親並沒有將利潤收入囊中，一分錢也沒有轉入香港的帳戶，全都留在了內地，用於新疆項目的後續投入，並在其他省市選擇投資項目。

投資浦東

　　"興辦更多實業，改變國家落後面貌。"這是父親最大的心願。上海，一直是他難忘的地方，在這裡，他度過了少年和青年時期。1980年10月，父親和上海紡織局商談合資事宜，半年後，上海首家滬港合資企業——上海聯合毛紡織有限公司成立了。父親投資數百萬美元，引進國際先進設備，將原來陳舊的上海麻紡廠改造成毛紡織品廠。從1983年開始，該公司利潤、創匯以30%以上的速度遞增。父親將公司大部分利潤投入擴大再生產，相繼成立了10家毛紡、製衣企業。1987年，"聯合毛紡"成為上海首家合資企業集團；1989年，又被評為"中國十佳合資企業"之一。

　　我記得，父親在走出回上海投資這一步，還是小心翼翼、反復盤算的。他知道，辦企業是投資行為，而不是捐款做慈善，如何做出好的商業計劃是成功的關鍵，比投入幾百萬、幾千萬元更加重要。唯有投資賺錢了，自己身邊的香港朋友才會跟過來開廠，才能吸引更多的外商來幫助上海發展經濟。

　　父親與上海紡織局的領導多輪商談，並對市場進行充分調研、對項目可行性進行認真分析之後，他確定了投資方案，並將廠址定在了浦東。當時，這絕對是一個冒險的決定。80年代初期，浦東還像一塊未開墾的處女地，沒有多少商業氣氛。那時上海人中有一句順口溜："寧要浦西一張床，不要浦東一套房。"正是因為浦東還成不了氣候，使父親看到了投資的潛在價值，"上海現在就像剛剛醒過來的雄獅，重振雄風是早晚的事"。

1980年8月31日，父親和上海紡織局簽署了成立合資公司的合同和章程，根據當時內地的流行做法，上海紡織局是控股方，佔股60%，港方股份為40%，總投資600萬美金。將近一年之後，即1981年7月26日，父親拿到了國家工商局頒發的"滬字第00001號"營業執照。上海第一家滬港合資企業——上海聯合毛紡織有限公司終於誕生了。

"聯合毛紡"賺錢了，有朋友提醒父親，如果把利潤轉移到香港帳戶上，那就沒什麼可擔心了。父親聽後笑笑，他早就拿定了主意。他來內地投資開工廠做生意，賺錢並不是最重要，他是希望盡自己有限的力量，為內地帶來一些有益的東西，比如新技術、新設備、新經驗、新思路等等，為國家、為百姓做點事情。為此，不管是今天還是

■ 唐翔千（右四）陪同上海市領導和祖父唐君遠（右二）參觀上海聯合毛紡織廠車間

往後，他在內地賺到的錢一分也不會轉到外面去。

後來，父親與上海紡織局商定，把公司大部分利潤用於擴大再生產，用於再投資。為了拓寬"聯合毛紡"的發展空間，父親提出將"聯合毛紡"發展成為集團公司。經過各方面努力，"聯合毛紡"終於在1990年改名為上海聯合紡織實業股份有限公司——這是上海第一家中外合資的集團性公司。1992年2月24日，"聯合實業"被批准在上海證券交易所上市，這是在A股市場上市的上海第一家合資企業。

樂育英才

1986年的一天，父親和弟妹們從香港等地匯集到上海，準備為祖父過85歲的生日。送什麼禮物成了一個難題。父親提出，乾脆問問祖父需要什麼？不料祖父回答："給我一萬元。"這一下，父親犯難了，祖父平時非常節儉，很少花錢，要這麼多錢幹什麼。祖父回答，我想在你的母校上海大同中學設立獎學金，獎勵學習優秀的學生。父親一聽，立刻表示支持，弟妹們也一致表示同意。於是這一萬元獎學金成了基金會的源頭，以獎學金和獎教金方式分別獎勵優秀學生、家庭生活困難的學生和教學突出的教師。父親召集了原來銀行工作的老同事負責獎勵工作，後來又出資4,000萬元註冊成立了"唐氏教育基金會"，後又改名為"上海唐君遠教育基金會"。30多年來，父親先後投入二億多元人民幣支持基金會發展，捐贈的範圍已遍及北京、上海、西安、無錫、常州等地。獎勵的對象包括60多所大中學校的6萬多學生和7千多教師，捐贈項目涉及百餘個；還出資改善辦學條件，購買新圖書，添置實驗設備等，資助總額超過2.5億人民幣，有力地支持內

2007年9月，唐翔千參加無錫機電學校君遠科技樓奠基儀式，
共計捐贈823萬人民幣

地和香港教育的發展。

　　我知道，父親早就有辦一所大學的想法。他請上海和無錫教育界人士進行調研，最後根據各地實際，決定依託上海大學和無錫江南大學，分別合作創辦翔英學院和君遠學院，並設立了教師和學生的獎勵基金，以培養國家急需的卓越工程師。他不僅出資8,000萬元人民幣，為學校添置實訓設備，建造辦學場所，還與學院領導商討辦學理念，明確教學改革思路，督促學院制訂新的教育方案，落實實訓基地和措施。自2010年與這兩所大學簽約以來，上海大學翔英學院和江南大學君遠學院分別有4屆和5屆本科畢業生。這些畢業生加強了理論和實踐的結合，提升了教育品質，受到了社會的普遍歡迎，不少人被高一層次的大學錄取深造，也有直接進入世界和國內著名企業的。父親每次來

上海和無錫，都不顧年老體弱的情況，耐心聽取學院領導的工作匯報，還親自參加同學的畢業典禮，為他們頒畢業證書。看到畢業同學即將升入大學，或進入新的企業，父親不知有多麼高興，他為國家培養急需的應用型人才的願望終於得以實現。

2013年10月，經基金會理事的選舉，我接任了父親理事長的職務。父親雖然不再擔任理事長，但仍然關心基金會的發展。他與我經常談起基金會的工作，多次表示要把基金會永遠辦下去，而且要越辦越好，2018年8月上海唐君遠教育基金會與江南大學合作舉辦的君遠學院教育改革項目獲國家優秀教育成果一等獎，為國家培養更多更好的人才。父親在臨終前，還與我談起要建立青年創新基金的相關事宜。我和基金會的同仁正在努力為實現父親的遺願而不懈努力。

■ 2012年3月，"唐翔千專項教育基金"與上海大學聯合組建上海大學翔英學院

父親是我們的榜樣，在父親身上，我們學到的，一是愛國，二是勤奮，三是謙讓，四是硬氣。這四條，讓我看到他能夠始終心懷祖國，在最艱難的時候，硬生生撐下來，笑看風雲變。在我們成長過程中，父母耳提面命最多的一句話是，"做任何事都要腳踏實地"。父親身上具有的精神和品質，是在西方理性和東方傳統激烈碰撞中形成的，他有寬廣的人文情懷。在贏得巨大財富的同時，始終不忘踐行社會責任，比如，創辦教育基金會。我一直認為，讀懂了父親，差不多讀懂了中國式商道。

在改革開放40年之際，回憶父親的點點滴滴，彌足珍貴，是為記。

追憶夫君黃光漢：
逆流而上揚國貨 傳承愛國赤子心

文/ 黃周娟娟
第十屆全國政協常委、香港福建社團聯會創會主席黃光漢夫人
香港中華總商會常務會董

逆流而上 創新迎變弘揚國貨

先夫黃光漢先生出生於一個愛國家族，父親黃長水先生和祖父黃世仙先生都是備受尊敬的愛國僑領。一家幾代也都是生意人，祖父黃世仙創辦了香港泉昌有限公司，主營國貨、土特產等生意。父親黃長水將公司規模拓展到廣州，並擔任過廣州市副市長、全國工商聯副主任委員等職。後來因祖父年事漸高，家長們就讓光漢來接手香港公司業務。自此，光漢接過了祖父手中的生意，並一直陪在祖父身邊。此後幾十年，他一直留在香港，發展泉昌有限公司。

光漢接手公司後，公司主要經營北京同仁堂中成藥、廈門源和堂涼果、福建茶葉等內地土特產等國貨產品。當時我們是北京同仁堂在整個東南亞的總代理。改革開放前和改革開放初期，內地的貨品進出

口比較困難。上世紀七八十年代，北京同仁堂就面臨著麝香、犀牛角、金箔等並非原產自內地的中藥原料短缺的困境。藥用金箔由於需要特殊配比，高量黃金配少量白銀，而需從日本進口（當時人們看到沾在藥丸外層的金箔，很多人以為不能吃，其實微量黃金是一味中藥，有藥用價值，是要吃下去的）。由於這些原材料較難進入內地，而我們公司在香港，具有進口優勢，加之我先生也正好在思考如何擴大公司經營規模，我們就幫助北京同仁堂進口這些短缺原料，而同仁堂則用商品來還這些原料款。這樣的交易方式令當時大家的經營靈活了許多。當然，到了改革開放後期，內地進出口逐漸完善成熟，製藥廠也已經可以自己進口這些原料了。

　　泉昌有限公司主營國貨，助推國貨發展。圖為早期黃光漢赴廣州參加中國出口商品交易會時與廠商簽訂合作協議

除了幫助藥廠進口稀缺原材料外，我們還幫助所代理內地產品的生產商解決各種相關問題。比如，那時的中藥藥丸為了能更好保存藥性，以及防蟲防霉變等問題，需要在藥丸外層包裹7層白蠟。但由於蠟是天然原料，有時候會供應不足，因此內地中藥廠有時會面臨白蠟短缺的情況。我先生知道後，經過考慮，他建議藥廠將藥殼的內側先用塑膠殼，外面再封3層蠟。這樣既能節省蠟的使用量，又能保證外殼發揮應有的保護藥性的效果。

　　再比如，當時內地對產品包裝的理念比較滯後，產品外觀設計不夠吸引力，而香港已經會把產品外包裝設計得非常美觀。所以當時我們公司代理的茶葉，我們會專門找人設計茶葉外盒。我們的這些設計

■ 2001年12月，泉昌有限公司與同仁堂合作的加拿大北京同仁堂藥店在溫哥華開幕，
　溫哥華市長和中國領事館代表道賀

家國情匯 香江　復興夢耀 中華

■ 2003年，SARS襲港，人人自危。為扛炎瘟，黃光漢與一眾社會人士
身體力行參與抗炎籌款

很用心、很漂亮，不少茶葉品牌到現在還在沿用我們當時的設計。包
括北京同仁堂也是，我們也為同仁堂的一些藥品設計了包裝，現在同
仁堂的牛黃清心丸、大活絡丹、白鳳丸等產品，也是沿用我們當時的
設計。高質量的產品和令人賞心悅目的外包裝配合起來，商品就煥然
一新了，我們代理的國貨銷量也隨之增加。

　　此外，我先生一直傾心於中醫中藥蘊含深厚的中華傳統文化，他
發自內心地認同這種蘊含民族智慧結晶的藥品，因此，他不遺餘力地
幫助內地藥廠擴大規模、拓展影響力。他和北京同仁堂（下稱“同仁
堂”）合作開藥店和藥廠，同時幫助同仁堂將影響力擴大到南方。當
時，同仁堂想拓展南方市場，但中藥行業彼時被認為有地域特色，有
“北藥”之稱的同仁堂想打入南方市場，並不容易。但我先生打通關

係，盡力促成此事，令同仁堂終於在福建等南方地區開了店。這是一個 "北藥南賣" 的成功經驗。

在推動知名中國中藥品牌走向國際方面，我們也花了很多心思，不僅將北京同仁堂品牌推廣到當時公司總代理的港澳地區和整個東南亞，更是讓這個中華老字號在加拿大開設了門店，將國貨介紹給世界。

另外，關於我先生和中藥，人們常談起一件事。那是在2003年香港沙士期間，市場出現板藍根搶購潮，庫存告急，我先生當即通知北京空運板藍根抵港，以保證市面有足夠貨源。但空運運費十分高昂，且板藍根售價低廉，而即便當時市面上一盒板藍根已被炒至超過一百港元，員工也提醒能否稍作調價以彌補空運虧損，我先生都堅決表示不能在此關鍵時期提高售價，頂著虧損也必須為抗擊沙士盡一份力。

家國縈懷 為國為港獻策貫穿人生始終

光漢在大學讀的是師範專業，青年時期的理想是獻身人民教育。最初接手家族生意時，他非常愁苦，認為這是對自己理想的否定。而當實際接觸公司業務運作後，他理解了祖父和父親選擇經營國貨和土特產所滿載的愛國愛鄉情懷，明白了從商一樣可以實現正確的人生價值，可以報國、對社會做出貢獻，他便不再困惑。

因為公司業務緣故，光漢每年都要去北京、福建等地談生意，參加廣州交易會等等，與內地關係非常密切。後來，新華社香港分社（現香港中聯辦前身）領導找光漢去談話，推薦他做全國人大代表。要知道，回歸前，港英當局很排斥愛國人士，如果你是政協或人大代表，港英當局就絕不會考慮授予你太平紳士、勛章等香港榮譽。我先生因為堅定愛國，完全沒有任何猶豫和顧忌，馬上就答應推薦做全國人大代表，因為他知道這是報國的機會。

在做全國人大代表和政協常委期間，他對這份職責非常重視，以自己從事商貿和辦教育的立場和經驗提出意見，他的不少建議也得到相關部門的重視和逐漸落實。中央統戰部三局殷曉靜局長曾親口告訴我，兩會期間，她很喜歡和我先生談話，因為他的觀點從不單純站在香港或內地某一方，而是永遠站在香港和內地雙方的角度，尋求"共贏"。"每次開兩會我們都到他房間聽他講，最喜歡聽他的意見。"她這樣對我說。

香港回歸祖國後，我先生還創立了香港福建社團聯會。當時我很不解，問他，"你已經這麼累了，為什麼還要操心這些事情？"他很清晰地告訴我，"這是為了能夠'平穩過度'回歸，是必須要做的"，成立社團聯會就能組織鄉親、團結鄰里，並且發動群體的力量，讓香港人更多了解與國家血脈相連的關係。所以1997年，在他成立福建社團聯會的同時，余國春先生也成立了廣東社團聯會。這兩個大社團為香港回歸平穩過度起到了很大的正面積極作用。

以國家和社會為己任，自始至終貫穿著他的理想、人生，並滲透進他的日常生活。很多時候，我們一家人一起吃飯時，他談的還仍是對國家和香港形勢的思考。以前我只管內不管外，未曾多想我先生做的這些事對社會的意義有多大。但當光漢去世后，看到很多朋友對他的懷念和尊重，我才知道他為香港、為國家、為社會真的是很盡心盡力了，才能得到那麼多人對他的尊敬，那麼多人陪著我傷心和懷念，我感到他不單單是屬於我一個人的，"噢，他應該是屬於國家、屬於香港、屬於大眾的。"這是一種很強烈的感覺。

開闊先河 歷盡艱難不忘初心育德樹人

光漢常說，"教育非常重要，對一個民族和社會影響很深遠，一定要抓緊教育。"這句話他對我說了好幾次。

他擔任香港福建中學校監20餘年。福建中學是一家傳統愛國學校，最初的校舍是在西環租用的，硬件設施相對很差。後來大家集資在北角買了一棟房子作校舍，但也沒有運動場。學生們上體育課，要走近半小時到維多利亞公園，下課後還要再走回來，依然很不理想。但學生們的成績很不錯，會考等成績相當出色。當時學生學習的條件差，老師更苦，但是老師們非常盡心，下課後把學生留下繼續教知識。

我先生一直希望能向當時的港英當局申請一個正規的校舍，但申請了很多年都沒獲批。直到1997年上半年，董建華先生到福建商會拜票，我先生就跟他講，"你能跟我到一個地方去看看嗎？"他帶董先生去了北角的福建中學。董先生一看，說："你們的學校名氣不錯，學生成績也不錯，卻原來條件這樣（差）啊。"我先生就表示："我們真的很希望能夠有一個條件好一些的校舍。"所以，董先生在就任特首後，同年7月，他批下的第一個校區就給了福建中學。董先生親口告訴我，當有了第一個可以批的校舍，"我馬上就想到光漢先生，我想起他跟我要校舍時的那個眼神，所以第一個就批給你們。"董先生給福建中學批了第一間小西灣校舍之後，過了兩年又給了觀塘校區，加上2009年接辦的油塘基督教臻美學校後，現

擔任香港福建中學校監時，黃光漢要求學校成立升國旗隊。
這是全港第一個升國旗隊，也是香港升旗隊總會的前身。
學校從香港回歸之前就一直堅持要舉行升國旗、唱國歌儀式

在共有4所不同類型的福建中學。

　　當第一個小西灣校區正式落成後，我先生馬上就要求學校成立一個升國旗團隊，還讓他們到內地學習升旗，並在學成後盡量推廣給其他香港學校，讓這個增強對國家身份認同感的儀式影響到更多學生。2017年香港回歸20周年，中央電視台特地來到福建中學小西灣校區拍攝升旗儀式，因為這裡從香港回歸之前就一直堅持要舉行升國旗、唱國歌儀式。現在香港升旗隊總會的前身就是小西灣培養出來的。

　　回歸前，香港的大多數孩子根本不懂唱國歌，甚至不知道國旗是什麼樣子，因為很多學校講授的內容根本不涉及這些常識。我5歲隨父母從上海來到香港，在這裡唸書上學，因為當時國共關係緊張，香港

■ 2002年10月12日，黃光漢獲得香港特區政府頒授銀紫荊星章，
以表彰他對香港社會的貢獻。
圖為時任特首董建華向黃光漢頒授

學校的中國歷史只講到1911年。這也直接導致大部分香港學生，懂的只
有唐宋元明清等中國歷史，卻對中國當代、現代歷史完全不懂，更遑
論生出對國家的感情和歸屬感。而正是這些當代、現代發生的事情，
比如我們如今的生活是怎樣艱苦卓絕才得來的，才更貼近我們現在的
人生、直接影響我們現在的生活，但我們卻完全不知道。所以，我先
生堅決把在學校升國旗唱國歌當作首要的一件事，必須做的一件事。

　　光漢對國家的熱愛，我想有一件與國歌有關的小事可以"以小見
大"。2007年，光漢患病入院治療，一天，當他得知3歲的小孫子學會

了唱國歌時，他高興地到處和身邊人分享，"我的孫子會唱國歌了！"每當有一位護士經過，他都要如此向人"炫耀"一番。

在港英當局對愛國人士"區別對待"的惡劣環境中，我先生能發自內心並始終堅定地愛國，我想和他受到他的父親和祖父的影響有很大關係。1949年10月1日中華人民共和國成立，他的父親黃長水先生是少數受邀到天安門城樓上觀禮的華僑之一。這樣愛國的一個家族，所能傳承的愛國精神是很偉大並根植於心底的。

這是改革開放40年裡我們的經歷。不敢說作出了什麼貢獻，是真摯地感到我們和改革開放、和國家一起面對，一起經歷，一起成長，一起奮鬥。

不忘初衷教育興國

文/ 王國強
全國政協委員、香港廣東社團總會永遠榮譽主席
金城營造集團主席

　　"教育興國"是我與父親王錦輝（人稱"輝叔"）一生貫徹的信念，藉以表達我們父子倆對祖國的熱愛和無私奉獻。在祖國改革開放40周年之際，父親雖已離世（2015年逝世享年93歲），但我並不孤單，我與長子紹基再組父子檔繼續助力教育及公益事業，次子紹恆及幼女沛芝則專心經營家族生意──金城營造集團，以此作為我們投入公益事業的堅實後盾。正如33年前我接手父業，與父親的約定："你專心慈善公益事業，我全力經商支持你。"三代人的教育興國夢仍然延續著。

勵精圖治　打造新金城

　　與別人"含著金鑰匙"出生不同，我是"含著番薯"出生的。我13歲自東莞來港，幾經波折取得大學工程學士及碩士學位，並取得多

項註冊專業工程師資格，才有機會成就今天事業，造福社群。

　　1985年，我毅然放棄了在加拿大的工程事業，攜同妻子和兒女從加拿大返回香港，放棄加入政府高薪厚職的工程師職位，從年過花甲的父親手中接管了飽含父親心血、寄託著祖輩希望的"金城營造"這塊招牌。別人都以為我回港繼承的是父親豐厚的家產，然而並非如此。當時，金城營造只是一間家庭式工程承包公司，僅有十多名員工，每月工程合約涉及金額不超過20萬元。

　　當時為了積極發展業務，大力推動公司改革，我引入了國際專業管理和品質標準，並致力吸納專業人才。經過一番辛勤耕耘，幾個項目都走上了正常運行軌道，公司面貌煥然一新。30多年間，金城營造與國家、與香港一同成長，由不足十名員工的小企業，成功蛻變為業務多元的工程、地產及建築集團。現時集團旗下專業員工一千多人、前線工人三千多人，每年營業額超過15億港元。在香港工程界樹立了

金城營造五十周年金禧慶典

一塊"金城營造"的金字招牌。

成立基金會　捐助教育及公益

　　我有幸親身經歷國家改革開放的大時代，同時亦於個人事業取得長足發展，希望取諸社會用諸社會，為國家為香港為家鄉作出貢獻。興國必先興教，中華民族實現偉大復興，需要大批有能力、有抱負、有學識的人才。自1985年從父親手上接過金城以來，我便與當年63歲的父親約定：父親專注從事教育、醫療等慈善公益事業，我全力經營家業，支持父親。就這樣，兩父子開展了十年如一日的捐助全國中小學的慈善壯舉，哪裡貧窮，哪裡沒有學校，兩父子就到哪裡捐。1996年，為了更好地開展慈善事業，我以父親名義成立了"金城營造王錦輝慈善教育基金會"，旨在全面履行金城營造"取諸社會、用於社會"的責任理念，立足發展貧困地區教育事業，每年從集團的利潤中按一定比例(10%)提取資金撥給基金，助力內地和香港的教育事業。

　　如今，基金會捐款用於內地及香港的慈善教育已經接近二億多港元，主要用於興建及資助"希望工程"學校，相繼在廣東、西藏、廣西、湖南、貴州、新疆、河南、陝西等19個省區捐建了多所金城中小學，現今受捐助的學校共120多間，遍布全國各地山區。基金會還成立"東莞市傑出高中畢業生獎勵金"，獎勵東莞每年考取全國前20名重點大學的學生。同時，基金會亦捐款北京師範大學等高等院校，以獎學金方式資助內地貧困大學生；並向東莞理工學院捐資200萬元，設立"金城營造革命老區大學生勵志獎學金"，鼓勵貧困學生努力學習，用智慧和雙手創造美好明天。

在我東莞家中以及香港的辦公室中，墻上都掛著一幅中國地圖，標註了120多個紅點，每個紅點代表著一所我們父子捐贈的希望學校，這些受捐助的學生有機會為國家及社會作出貢獻，這是我們父子最大的心願。

基金會除了重點支持內地教育外，又出資逾千萬元捐建東莞石排鎮石排人民醫院、東莞醫療衛生以及賑災項目。在香港，基金會亦捐助多個教育和慈善項目，包括捐資逾3,000萬元予浸會大學發展多個項目，當中包括興建中小學校，命名為"香港浸會大學附屬學校王錦輝中小學"，如今已是一間炙手可熱的名校。在父親離世後，我又以母親名義捐出500萬元加建課室內康體大樓和設立獎學金，每年資助學生到外國一流學府升學。基金會亦有支持香港的教育及慈善工作，其他捐款包括興建香港童軍總會九龍城童軍活動中心，積極參與及捐獻支

王錦輝慈善教育基金會成立十周年，百所學校捐助計劃圓滿完成暨香港浸會大學附屬學校王錦輝中小學落成典禮

持香港社會慈善社會活動，包括保良局、樂善堂、龍泉基金、公益金、香港大學明日棟樑獎勵計劃，以及資助民政事務總署所舉辦的各種社區活動等等。為國家、為香港略盡綿力。

我堅信保持"感恩知足"的心態，保持生活簡單、快樂、舒適，其它的錢就拿來做一些對社會、對他人有幫助的事。個人的能力是有限的，但眾人拾柴火焰高，努力集中大眾的力量，必定能夠為國家作出更大的貢獻。

凝聚鄉親力量　維護香港繁榮穩定

我自幼受到父親愛國、愛港、愛鄉精神薰陶，一直心繫祖國和家鄉建設，不遺餘力，見證著祖國經濟和民生飛速發展，繁榮穩定，亦

王國強以母親名義，捐贈香港浸會大學附屬王錦輝中小學，嘉賓於"王廖惠文"樓啟用儀式合影

40

家國情匯　香江　復興夢耀　中華

見證著香港愛國社團的茁壯成長，並且在祖國改革開放進程中起到了重要的支持作用。我由2009年開始連續兩屆擔任香港廣東社團總會主席，當時便提出香港愛國社團在"一國兩制"下，未來可以做得更多、更好，特別是在現行政治環境和選舉制度下，可以發揮自身強而有力的影響力，凝聚鄉親，成為遏止"港獨"和"本土自決"思潮的生力軍，有力地維護香港繁榮穩定。

致力人心回歸　拉近兩地感情
共擔歷史責任　共享國家榮光

文/ 王惠貞
全國政協提案委員會副主任、香港九龍社團聯會理事長
香港廣西社團總會永遠會長

　　今年適逢改革開放40周年。經過40年的砥礪奮進，國家發展取得舉世矚目的偉大成就，香港在國家改革開放中發揮了重要作用，亦從中分享到國家發展的巨大紅利。香港持續成功實踐"一國兩制"，是國家改革開放的重要一環，香港人心回歸則是保障"一國兩制"行穩致遠的關鍵。我身為第十三屆全國政協提案委員會副主任、香港九龍社團聯會理事長、中華總商會副會長，深知促進香港人心回歸使命光榮、責任重大。多年來，我竭盡所能推動人心回歸、助力兩地融合，在青年、文化交流和促進香港和諧等方面，也做了一些工作，希望和大家分享其中心得，互勵互勉，共同進步。

推動青年內地交流　全面深入了解國家

　　1997年7月1日，香港會議展覽中心升起中華人民共和國國旗，香港

正式回歸祖國。那一刻，我內心激動，同時亦不禁思考，今後香港在國家發展中應扮演什麼角色？作為土生土長的香港人，自己在香港人心回歸方面能做些什麼工作？

當時我是香港廣西聯誼總會的司庫，經常和總會會長探討總會和香港的未來發展。我認為，青年是一個很重要的板塊。青少年是國家和社會未來的棟樑，青年興則國家興，青年強則國家強。年輕一代有理想、有本領、有擔當，國家就有前途，民族就有希望。爭取香港青年人心回歸意義更為重大，因為受種種因素影響，回歸初期香港青年對國家、民族的認識不深，歸屬感不強，做好青年人心回歸，是香港能否持續成功落實"一國兩制"、保持繁榮穩定的關鍵。於是我就從這方面入手，開始了推動香港青年人心回歸的工作。

如何開展青年工作呢？我覺得有一個很重要的原則，就是要讓他們用自己的眼睛去看、透過耳朵去聽，從而認識祖國，而不是透過課堂和傳媒去了解。因此，從2000年開始，我每年都組織香港青年交流團到內地參觀、訪問。

一開始，我也不知道應如何組織，於是首先發動我們總會會長們的下一代，包括譚錦球會長，還有我自己和不少會員的孩子們，組成交流團去廣西的南寧市作首次交流訪問。在交流的過程中，孩子們發現，原來南寧並非想像中那般落後，於是對內地的印象大為改觀。第二年，我又組織了香港青年到桂林交流，並安排當地的大學生和香港青年交流；第三年則到百色交流，之後再前往的就是廣西不同的城市。

隨著交流工作的順利開展，我還安排香港青年到當地的中小學作義教，這不但是一項有意義的活動，且可讓香港青年更深入了解內地的情況，讓他們看到內地不僅大城市發展得很好，二三線城市的發展也很迅速，教育、交通等公共設施並不比香港落後。

2009年，我加入九龍社團聯會擔任理事長，首要任務就是把青年工作作為九龍社團聯會的發展重心之一，並打造了一個品牌項目：青年躍動——大學生暑期實習計劃。計劃由2009年開始至今，已經持續了9年，參加計劃的大學生，分別派到廣東、上海等內地省市實習。參與過實習的學生反映，在內地實習與以往回內地旅遊、探親的感受和認識截然不同，實習的感受深刻細緻很多。經驗告訴我，這些參與了內地實習計劃的學生們，他們對國家的認同和愛國情懷皆有所增長。

另外，我還與香港中資企業協會合作，安排香港學生回內地的企業實習工作。我向內地的合作機構提出特別要求，就是不僅要為香港青年提供工作機會，而且接待的企業、機構要安排高層管理人員與學生交流對話，讓學生更深入全面地了解內地企業、社會的發展情況。

在上海，我特意安排一項活動，名為"做一日上海公民"，讓香

■ 王惠貞組織"一地兩檢"分享會

港學生到上海有同齡青年的家庭作客，與上海的年輕人互動交流，有更多共同語言，讓香港學生得以近距離了解上海年輕人、普通市民的生活，從而取到良好的交流效果。有些香港學生已經在香港的大學就讀，經過實習計劃之後，竟然提出要到上海復旦大學等內地大學升學深造的要求。於是，我建議他們，可以交流生的身份到內地求學，當中有不少學生接納我的建議，陸續到了內地大學學習、交流。亦有些參加過實習的學生，以往一談起旅遊，就選擇去日本、韓國、歐洲、美國等，但經過實習後，他們選擇的地方已轉移至西安、北京、大西北……可見，實習計劃對青年的影響很大，可讓青年真正體會到內地一日千里的發展，亦大大增強了他們對國家的感情。

組織青年交流工作給我最大的啟發是，要引導香港青年愛國，需要的並非口頭的生硬灌輸，而是讓青年人親自去感受和體會，設身處地去了解國家，愛國之情自然油然而生。親身交流，對促進兩地青年的融合更是大大有幫助。

以音樂交流增進兩地情誼

香港社會富庶，普羅大眾早已解決溫飽問題，不再簡單地追求物質生活，對優質精神生活日益嚮往，對優質文化生活的需求不斷提升。衡量一個地方是否達到國際都市的水平，除了看經濟實力是否雄厚之外，文化底蘊的軟實力也是很重要的指標。

2007年"七一"，我組織舉辦了"樂響香江——慶祝香港回歸祖國10周年音樂會"，邀請了上海愛樂交響樂團來港，與香港歌劇院的青年歌唱家合辦這場音樂會。藉著音樂會，我希望帶出一個訊息，就是改革開放之初，香港為國家發展作出了積極貢獻，推動了內地的進步，經過四十年的改革開放，如今追求兩地共同發展，包括粵港澳大灣區共融發展、"9+2"協同發展，都正正意味著以後兩地發展將更注重互相配合、互利雙贏。

今年，我計劃再次邀請上海愛樂交響樂團來港交流合作，而且合作範圍更廣，我將邀請東華三院、保良局轄下學校的180名學生、香港歌劇院的青年歌唱家，聯同上海愛樂交響樂團一起舉行一場盛大的音樂晚會。

由去年開始，我亦邀請及安排香港學生回內地參加音樂交流活動。去年10月，我便邀請了保良局林文燦英文小學的學生到上海參加市民節，作為香港代表與上海的18支隊伍同台進行精彩表演。香港小學生經過交流大開眼界，對國家的發展、對內地的學生都留下深刻印象。

"愛心媽媽"引導學生脫離"佔中"陷阱

近年本港有人以普選、民主、自由為名，誤導青少年，煽動反對中央和特區政府、分裂國家的抗爭，損害香港繁榮穩定，不利青少年健康成長。這使得做好香港青少年的人心工作，更顯得任重道遠。

違法"佔中"的發生，對香港青少年影響很大。記得"佔中"期間，我特別擔心參加"佔中"的學生，青年們長時佔領街道，影響了自己的學業和前途，也影響香港的和諧穩定。身為政協委員、愛國愛港社團負責人，我覺得自己有責任為學生、為青年、為香港做些事。但從何入手呢？我思考良久，認為作為女性、母親，我可以發揮女性

佔中期間，"愛心媽媽"團勸孩子們回家

的柔和，以母親的關懷，化解學生的憂慮，引導他們回家。於是，我發動一班志同道合的婦女朋友，組成"愛心媽媽"團，到金鐘"佔領區"探望學生。讓我感觸最深的一幕是，我與一位參與"佔中"的女學生交談，她表明自己是請假參與"佔中"靜坐。我對她說："大家的訴求政府已經聽到，希望你們給時間政府處理，你還有什麼要求？"那位女學生的眼神很迷惘，不停地重複："我不知道、我不知道。"我勸她，"你先回家，不要讓父母擔心。"此後，我們"愛心媽媽"團多次到"佔領區"探訪，與學生促膝長談，不少學生陸續離開"佔領區"，恢復正常生活。

2014年的"保普選反佔中大聯盟"，我是發起人之一。大聯盟舉辦的"8.17大遊行"，人數高達20萬，聲勢浩大，我發動九龍社團所有會員，參加這次大遊行，彰顯了反“佔中”、求穩定的強大民意，為遏止“佔中”發揮了重要作用。

勇於嘗試積極進取　爲香港開創新局面

　　過去十多年，香港太多政治爭拗，發展落後於人，做人心回歸工作，也遇到不少困難和挑戰。例如，反“佔中”的時候，我們“愛心媽媽”團踏入“佔領區”的入口處，立刻被在門口把守、刻有紋身的彪形大漢包圍，這些人不停地用粗言穢語辱罵、威脅我們，想令我們知難而退。但是我們相信，勸學生回家沒有錯，而且受廣大市民支持，即使被打，我們也不怕。沒有人去勸學生回家，他們該怎麼辦呢？任由他們被人誤導、被人利用嗎？事實證明，我們迎難而上，以母愛的關心感動學生，令他們醒悟回頭。

　　還有，我們舉辦音樂會的計劃，一開始也有人質疑，九龍社團只是一個基層團體，有能力辦好音樂會嗎？但我相信，只要目標正確、有意義，很多人會主動幫忙的。事實的確如此，我們辦的音樂會《樂響香江》大受歡迎，因此今年我們將繼續舉辦。

結語

　　改革開放總設計師鄧小平先生有句名言：“摸著石頭過河”。改革開放能夠取得偉大成就，就是敢於打破藩籬，開拓新局面。我們香港能夠成為東方之珠，也是數代香港人敢為天下先，以靈活打拼、同舟共濟的艱辛努力換來的。今天，我們更要勇於迎接新事物，積極進取，為香港開創新局面。值得慶幸的是，2017年香港回歸祖國二十周年，國家主席習近平來港出席一系列慶祝活動，給香港帶來祝福支持，為香港發展謀劃未來、指路引航，大大增強港人的信心，香港的形勢因而產生根本好轉。特首林鄭月娥和新一屆特區政府上任以來，積極作為，身體力行，施政政策"貼地"，求和諧、謀發展已成為香港社會的主流共識。

我們愛國愛港社團將再接再厲，和特區政府、廣大市民攜手合作，抓緊粵港澳大灣區、"一帶一路"的機遇，更好地融入國家發展大局，為國家改革開放、香港成功落實"一國兩制"多出一分力，為實現中華民族偉大復興作出新貢獻。

改革開放富裕中華　國貨見證時代變遷

文/ 余國春
全國政協常委、中國僑聯副主席
香港僑界社團聯會會長

　　今年是改革開放40周年。這40年來，改革開放深刻改變了中國，深度影響了世界。我很榮幸作為改革開放的見證者和參與者，親身經歷了改革開放為中華大地帶來的翻天覆地的變化，更要感謝改革開放給華人華僑、香港同胞和我們的事業發展所帶來的巨大機遇。

　　這40年來，我們的個人發展和事業進步一直與祖國的發展和香港的繁榮穩定緊密相連。父輩於1959年開始在香港經營的國貨公司像是一個窗口，展示著"中國製造"由物美價廉向質優價優的發展過程，更以日新月異的品牌文化向全世界展示著中國的傳統文化與現代文明的共同進步，以經貿往來促進著與各國的文化交流。

　　新中國成立伊始，面對西方國家的圍堵和遏制，中國商品僅能通過有限的渠道來到香港；直至70年代初，乒乓球打開了中美建交大門，讓全世界的目光聚焦於中國，全球刮起的"中國熱"更讓許多國家對國產百貨產生了濃厚的興趣。當時，內地仍然實施計劃經濟，許多外國公司只能從香港少量批發中國產品轉銷海外。五六十年代，裕華在內地訂貨主要通過一年兩次的"廣交會"，而在計劃經濟時代每完成一個訂單，都充滿重重挑戰和考驗。那時候產品的種類和結構都較單一，且受到資金、庫存等多種因素的制約和影響，因此，裕華經營的國貨種類和產品數量都相對較少。

伴隨著中國的改革開放，許多產業從無到有、從簡單的來料加工、貼牌生產逐漸發展為建立和擁有自主品牌，以市場為主導的商品化蓬勃發展為消費者提供了越來越多樣化的選擇，我們的訂貨渠道也不再局限於每年兩次的廣交會。改革開放40年後的今天，裕華國貨售賣的優質中國產品已經達到數十萬種，包括工藝品、傢具、家用電器、醫療器材、男女華服、地道藥材等很多類別，佐敦總店還有美食

　2018年11月，余國春隨香港特區行政長官鄭月娥、香港中聯辦主任
　王志民一起到深圳、北京紀念改革開放40周年

51

■ 2018年5月，余國春赴加拿大參加第九屆世界廣東同鄉聯誼大會，並受全國政協副主席梁振英的委託，於會上宣讀了梁振英先生的賀信

庫、文房四寶文化廊、茶藝廳等。改革開放後，市場化的運作不僅使商品流通更加的靈通便捷，也激發了內地企業不斷提高生產力，中國各行各業日新月異，一日千里。從香港德輔道的200平米的店鋪，到如今遍布香港的13家分店，"裕華國貨、服務大家"已經成為香港人耳熟能詳的廣告語。裕華國貨在國家改革開放的進程中，不斷發展壯大。2013年，中國提出"一帶一路"倡議，以既有的區域合作平台，積極發展與沿線國家的經濟合作夥伴關係，這給國貨生意打開了又一扇大門。裕華國貨僅在新加坡一地，就成立了5家門店，以海外市場為據點，持續增加國產百貨和中國品牌在全世界的影響力。

　　國貨品質和品牌的不斷優化升級，也促使裕華國貨的經營和管理不斷升級，以期為廣大消費者提供更優質、便捷的服務。早在1976年，我們就敢為人先，成為亞洲首家使用電腦連線收銀的百貨公司，裕華也是香港首間使用電腦標籤的百貨公司。改革開放初期，許多華僑回鄉探親，他們總會選購大小家電和各種日用品返鄉，裕華國貨為顧客提供"香港買單，國內提貨"的服務，讓返鄉的華僑們免受大包小包、舟車勞頓之累。1974年，我由澳洲回到香港，開始協助公司由家族式經營的國貨公司向現代化管理的企業轉變。80年代，中英開始就香港情況進行談判的時候，很多港人對前途充滿擔憂，香港甚至湧起了"移民潮"。但改革開放讓我們對祖國更有信心，當別人在疑慮中徘徊的時候，我們卻更加堅定地支持國貨發展，支持祖國改革開放。八九十年代開始，我們在香港購入和投資物業，積極擴展我們的分店網絡。1993年，我們還在北京投資，進一步加強了與祖國內地的緊密聯繫，為國貨經營做好更長遠的規劃。

2018年5月，余國春率香港僑界社團聯會與紫荊雜誌社聯合於香港主辦紀念周恩來總理誕辰120周年香港大型展覽

我們始終堅持"與時代並進，與社會同步，與顧客同心"，希望以先進的科技和不斷創新提升的服務品質，為消費者提供更加便捷、舒適的購物體驗。現在，國貨已發展的越來越多元化，品質不斷提升，而且在創新能力、科技含量、信息化程度方面也越來越有主導優勢，我們很高興的看到"中國製造"和"中國品牌"在全世界越來越有影響力。

　　裕華國貨的發展是愛國愛港愛鄉的華僑們在改革開放進程中參與國家發展建設的一個縮影。過去40年，華僑華人在改革開放的進程中積極發揮自身的優勢和特長，為改革開放貢獻智慧、資金和資源，凝心聚力發揮橋樑和紐帶的作用，向世界講述著中國故事，推動著中國與世界的互聯互通。在改革開放的進程中，我們也堅持團結各界，積極為時局發聲。80年代，面對未來的不確定性，香港社會人心浮動，但很多愛國愛港人士都堅定地選擇留在香港，因為我們對祖國、對香港充滿信心。1985年，我與九龍西區的各界好友組織成立了"九龍西區各界慶祝國慶籌備（常設）委員會"，自發地舉行慶祝國慶等愛國活動。在當時的香港，籌辦國慶活動並非易事，但是大家一直有一個共識，那就是越是在困難重重的環境中，我們越是要迎難而上，在各方愛國力量的共同努力下，我們堅持了下來。香港回歸前夕，我們凝聚了更多愛國愛港人士，團結香港200多個不同界別的社團、發起成立了香港廣東社團慶祝回歸委員會，回歸後更名為香港廣東社團總會。回歸20多年來，我還見證了香港僑界社團聯會等愛國愛港社團在香港如雨後春筍般成立，見證了這些社團為祖國發展、香港繁榮所做出的不懈努力和貢獻，更樂見香港有越來越多的同道中人加入我們的大家庭，為祖國和香港的建設發展、社會和諧、教育民生、慈善福利等方方面面無私奉獻，團結齊心，共同構建香港的美好未來。

　　在改革開放40周年之際，我很榮幸於今年11月在北京受到了習主席的親切接見，深切體會到國家對港澳長期以來的關愛和重視，和中央對港澳同胞在國家改革開放進程中的作用和貢獻的充分肯定。習近平主席在接見訪京團成員時總結了改革開放以來港澳同胞和社會各界人士發揮的主要作用，對港澳同胞提出了四點希望，鼓勵我們更加積極主動助力國家全面開放，更加積極主動融入國家發展大局，更加積極主動參與國家治理實踐，更加積極主動促進國際人文交流。

　　在全面建設社會主義現代化國家新征程的偉大進程中，我們港澳同胞和華人華僑絕不能辜負國家對我們寄予的厚望和厚愛。我們將牢記習主席的殷切希望，繼續堅持"一國"之本，善用"兩制"之利，嚴格按照憲法和基本法辦事，支持特區政府和特首依法施政，抓住共建"一帶一路"、大灣區建設等重大機遇，以高度國際化的優勢發揮

2017年3月，余國春、余鵬春一行到訪印尼總統府，受到印尼國務秘書長帕第克諾（Pratikno）（中）的熱情接見

在金融、創科等方面的特長，繼續扮演好獨特的角色和發揮不可替代的作用，以香港智慧貢獻國家發展。

香港僑界要充分認識和準確把握香港、澳門在新時代國家改革開放中的定位，繼續發揮融通海內外的優勢，發揮民間使者的作用，密切與各國的聯繫和交往，積極利用多年在海外打拼的經驗以及廣闊的人脈資源，為擴大開放繼續引進資金、技術、人才和管理經驗，凝聚共識，發揮雙向開放的橋樑作用，講好中國故事，促進民心相通，用自身的行動向全世界全面展現開放自信的中國。

新時代的今天，父輩"富裕中華"的夢想經過40年的改革開放已成為現實，中國已經發展成為世界第二大經濟體，中華民族已經站起來、富起來；新時代的今天，為了實現人民對美好生活的嚮往，中國

■ 香港僑界社團聯會與紫荊雜誌社等主辦中國新一輪對外開放暨共建
"一帶一路"（香港）高峰論壇，重溫改革開放初心

家國情匯 香江——復興夢耀中華

■ 2014年，裕華國貨向中山大學捐贈1,000萬，慶祝孫中山先生創辦
　中山大學90周年

盡展大國風範和擔當，繼續堅定不移地深化改革、擴大開放，推動經
濟高質量發展。中國特色社會主義進入了新時代，意味著國家改革開
放和"一國兩制"事業也進入了新時代。現在，我們前所未有地接近
實現中華民族偉大復興的目標，今天的中國正自信地走向世界舞台中
央，為世界經濟繁榮和構建人類命運共同體而貢獻中國力量，為共創
世界美好未來展現大國的自信與擔當。中華民族自信闊步走向世界，
以行動力展現著大國風範和承諾。我們深信，在中國向著構建人類命
運共同體的目標不懈奮鬥的偉大進程中，華人華僑和香港同胞將緊握
機遇，積極融入國家發展大局，與祖國人民共擔民族復興的歷史責
任、共享祖國繁榮富強的偉大榮光！

改革開放大潮成就港企未來

文/ 李文俊
全國政協委員、理文造紙主席

　　1994年對我來說是一個重要的年份，當時國家改革開放已取得初步成績，中國製造業正值高速發展，但仍欠缺很多不同類型的物資，包括"紙"。很多工廠，例如製衣廠，做好的產品必須裝在紙盒裡才能出口，因而造成"缺紙"的狀況。我和父親看到這個"一紙難求"的景象後，便創立理文造紙有限公司，開始造紙業務。

　　我還記得，在上世紀90年代末期和本世紀初期，國家經濟超高速發展，每年都有10%以上的增長率，以致用紙的需求亦大大增加，年增長率亦超過10%，換言之，用紙市場一直是"供不應求"的。在這樣的情況下，我司動用大量資金投入設備，應對市場需求。當時並沒有想那麼多，只要產品能賣出去，就可以不斷地增加生產力。這樣，理文很快就成為世界最大的造紙企業之一。

　　2008年底，國際經濟遭遇金融海嘯，全球所有銀行都對高負債的企業進行評估，包括當年的理文。在金融海嘯前，我司因一直高速發

理文集團在風浪中茁壯成長

展，可以說基本上是一帆風順，對債務問題沒有考慮太多，能借就借，因此終致公司債務偏高。

想不到，這場金融海嘯令理文造紙在2009到2012年所賺取的資金，大多數都要用來還債，以消除公司的債務風險。的確，金融海嘯給我們父子倆上了寶貴的一課，亦改變了我們公司的發展思路。所以至今，理文的經營理念仍以低債務為主，負債率更成為同行中最低，公司發展亦因而變得更加穩健。如今，我司在廣東東莞、江蘇常熟、重慶永川、廣西梧州以及越南都設有造紙廠，業務遍及全球多個國家和地區。

回顧國家改革開放的進程，香港在不同階段都扮演著不同的重要角色，並作出應有的貢獻。改革之初，香港企業是第一批到內地的投資者，內地廣闊的疆域和龐大的勞工市場，則給予香港投資者，特別是企業家一個前所未有的新機遇。

香港企業在內地開辦工廠，利用當時的廉價勞工和資源從事製造生產，一方面協助內地政府解決了當地的就業問題，亦創造了巨額的外匯收入。香港企業在自身發展壯大的同時，亦支撐起內地製造業和國民就業的一片天，同時大大提升了內地製造業的管理和裝備水平，為國家的改革開放作出了很大的貢獻，是為雙贏之局。

隨著改革開放政策的深化，內地市場漸趨成熟且逐步作出轉型，從單純製造型經濟慢慢升級到更多元化的服務和知識型經濟，這可以說為香港眾多的專業人士，包括金融、法律、會計、酒店、醫療等人才，提供了一個更大的、涉及約14億人口的超級大平台，使得香港人在內地又扮演起和以前不一樣的角色。

一國兩制　利國利港

香港回歸後，在"一國兩制"的政策下，實施了各種可跟國際接軌的健全制度，包括金融制度、法律制度、教育制度等等，香港不但允許國際貨幣自由兌換和進出，也可以為內地企業在國外融資，並可

■ 理文集團設在重慶和廣州的子公司

為內地企業提供對國外的投資渠道，凡此種種皆成為香港的獨特優勢，尤其是為金融業帶來了莫大好處。可見，香港至今依然是內地連接國際市場，或外國企業投資內地最重要的窗口，扮演著"超級聯繫人"角色，為國家創造出有別於其他城市可作出的特殊貢獻。

近年，在國家"一帶一路"倡議的帶動下，香港更進一步將"超級聯繫人"的優勢發揮得淋漓盡致。再加上香港人具備良好的兩文三語能力，更容易與西方企業和人民溝通交流。我相信香港人有能力，而且必須做好這個"超級聯繫人"的角色。

轉眼國家改革開放已有40年，祖國內地在政治和經濟上創造的驕人成績，大大提高了人民的生活水平。經過過去40年的艱苦奮鬥和高速經濟發展，中國已成為世界第二大經濟體。再者，現今粵港澳大灣區的設立和香港高鐵的投入使用，使得香港和內地的聯繫更加緊密、便捷，希望香港、內地可各自發揮所長，通過一些制度上的改變，創造更多的發展空間和機遇，從而鞏固並加強發展具國際影響力的經濟，延續改革開放的成功。從這個意義上來說，"一帶一路"和粵港澳大灣區的發展戰略也是一種改革。

我個人認為，"一帶一路"可以給香港青年提供一個新的發展方向和平台，讓他們在這個平台上一展所長。比如， 我剛從馬來西亞回來，準備做一些投資，每個項目都希望可以招聘一些"同聲同氣"的香港人來代表公司。相信很多企業老闆都跟我有一樣的想法，倘若如此，將大大增加香港人在外地創業和就業的機會。另一方面，我亦以李文俊慈善基金贊助了共600多名大學生和中學生前往"一帶一路"沿線國家，探訪華資企業，給他們提供機會實踐"走出去"的第一步。香港年輕人聰明、專業、學歷好、責任心強、忠誠度高，這也是香港人的優勢，只要願意走出第一步，前面定有無數機會等著他們。

　　至於粵港澳大灣區，我相信絕對有機會成為全球第一經濟區。大灣區本身具備很多優勢，包括資金和最重要的人才，特別是高知識的青年勞動人口。現在再加上政策方面的條件，因此我認為無論在大灣區從事哪個行業，都必定會取得成功。所以我希望香港青年務必把握住機會，否則"蘇州過後無艇搭"，徒嘆奈何也！

經濟升級　再創輝煌

　　過去40年的國家改革開放，香港經濟亦得到可觀的發展。現在幾乎所有香港的大企業，在內地都有龐大的業務，兩地已成為命運共同體。在未來的日子裡，我相信中國經濟仍會面臨不同的挑戰，但機遇

■ "一帶一路" + "大灣區" 為港企帶來新機遇

仍在，因為中國已不再只是單純的"世界工廠"，除了依靠製造業帶動經濟——"中國製造2025"，中國的發展會更趨多元化——"互聯網+"，將會更多地轉向依靠服務型和知識型產業，帶動新的經濟發展升級。對於未來，我充滿希望，相信在以習近平總書記為核心的中共中央領導下，國家會創造更多的驕人成績。

在香港金融業爲國家"守門"

文/ 李君豪
全國人大代表、東泰集團主席

　　香港是國際金融中心，國家改革開放40年來，香港始終扮演著不可替代的"連結者"的角色：初期連結世界的資金與內地的市場；如今和將來，也連結著內地的資金和世界的市場。從1993年第一隻H股在香港聯合交易所上市起，香港就逐漸成為內地企業最重要的海外資本來源。時至今日，在香港交易及結算所有限公司（以下簡稱"港交所"）上市的公司中，有超過五成是內地公司；若論成交量，內地公司更是佔到6至7成。最近這些年來，有了滬港通、深港通，香港在人民幣國際化方面發揮著更重要的作用。

　　我從十幾歲開始買賣股票，在香港的金融證券領域摸爬滾打40多年，經營證券公司數十年，曾擔任港交所獨立非執行董事17年之久，是香港聯合交易所有限公司、香港期貨交易所有限公司和香港中央結算有限公司合併為香港交易及結算所有限公司以來任期最長的兩位獨立董事之一，經歷過金融風暴，也經歷過國家改革開放、香港回歸，有幸能見證每一個歷史時刻，時光荏苒，置身其中，別有感悟。

見證內地資本市場初誕生

20世紀90年代初，中國內地逐步發展資本市場，上海證券交易所、深圳證券交易所相繼成立。1991年，香港聯合交易所開始探討讓內地企業來港上市的問題。當時內地和香港雙方對此其實都頗有爭議，很多人認為香港並非內地企業海外上市的首選地。港方最終促成這件事的最主要人物，是時任香港聯合交易所主席李業廣，他在1991-1993年間多次組織香港代表團，前往北京向中央政府介紹香港集資市場的優點，最終說服中央政府及內地各相關部門同意讓國有企業首先來港上市。

1993年6月，香港聯合交易所為H股的發行專門修訂了《上市規則》。青島啤酒作為首批9家來港上市的國企之一，其股份於同年7月15日正式在香港聯合交易所上市及交易，成為首家在香港上市的國企。

其後，來港上市的內地企業越來越多，對這些企業來說，來香港上市不僅可以讓他們籌集到可自由兌換的資金作業務發展之用，還可以借助市場力量有效推動其自身的公司體制改革、加強企業管治。

香港人對於H股股票的態度，一開始其實並不特別熱衷，但隨著回歸後，更多大型國企相繼來港上市，越來越多本地和國際投資者選擇投資H股以分享內地經濟和企業發展帶來的利潤。

90年代，我曾與一位外國風險投資基金（VC）投資人一起，去內地考察了很多企業，試圖尋找收購或合併的機會。此前，東歐經歷過與中國類似的改革進程，那位投資人在東歐曾成功收購並重組過多家國有企業，因此也想要來中國內地尋找機會。我們去過廣東、湖南、山東、東北等地，可惜最終因為種種原因，並沒有成功收購企業。主因是內地畢竟和歐洲不同，無論是文化、語言，還是投資環境，東歐與西方國家比較接近，而當時內地在很多方面與西方仍存在很大差別。

雖然"白忙一場"，但在那幾年時間裡，我看到很多、經歷很多，也學習到很多。印象比較深的是，有一次我和內地一家證券公司的員工聊天，他說："你看中國內地的股票市場不能沽空、只能買入，所以我們的股市只會永遠升！不會跌！"我在證券行業做了這麼多年，當然知道這是不可能的，歷史證明，世界上任何股票市場都是升跌交替的，一如潮漲潮退，自有其規律。不過當時我們互相說服不了對方。我想，後來內地股市這麼多年的現實可能早就改變了他的看法。

這件事其實在某種程度上也反映了內地40年來的經濟發展軌跡：一樣新事物剛出現時，當事人覺得很新鮮，但如果你去看看世界歷史，就會像看一本書一樣清晰，它會告訴你未來將發生什麼。而香港證券市場過去的經歷就像一本參考書，給內地的經濟發展、資本市場發展路徑作參考。

"保衛"港交所

金融業近年已成為香港的支柱產業之一。作為國際金融中心和國家的集資中心，香港的交易所的作用十分重要，說它是影響香港經濟命脈的重要機構，並不過分。

2000年至2017年期間，我擔任港交所獨立非執行董事，歷時17年，是香港聯合交易所有限公司、香港期貨交易所有限公司和香港中央結算有限公司合併為香港交易及結算所有限公司以來任期最長的兩位獨立董事之一。

在港交所做獨立董事，除了要爭取對各類企業公平對待——既要吸引大企業來港上市，又不能忽視中小企業的發展潛力；亦要兼顧投資者保障，還要平衡本地和外資中介機構等的各方利益。

17年的經歷中，有兩件事印象最為深刻。一是2008年的港交所董事改選風波，當時港交所要改選兩名董事，在一般人看來，這或許只是一場例行選舉，但其實背後的角力相當激烈，在港交所的發展歷程中也有著特別的意義。我是候選人之一，另一位候選人則由一位前外籍董事提名。當時對方一旦獲選，將大大削弱本地證券業在董事局內的代表性和平衡，可能引致之後市場發展向外資傾斜。在競選初期，市場一般估計是我將較對手少幾千萬支持票，以為輸定了，但沒想到，在最終投票前，很多華資股東、甚至是我以前的對手，把一疊一疊空白授權選票拿來交給我，讓我自己填上名字。當時特別感動，這是港交所成立以來，華資股東最團結的一次。最終結果是我贏了一千幾百萬票，在我成功連任港交所董事的那一刻，我由衷地感到作為一名中國人的欣慰和自豪：面對危機，我們必須團結，而團結就是力量！

二是2016年香港證監會提出改革上市審批制度。按照證監會的建議，現時港交所的三層架構上市審批權將轉移到他們手上。由證監會來審核公司上市資格的做法其實並不新鮮，十幾年前英國就是這麼做的，結果倫敦交易所在集資排名上從全球第二的位置跌到五名之外；新加坡也是這麼做的，如今每年只有幾隻新股上市。如果此方案通過，對香港的金融市場絕對是一個重大打擊。作為港交所董事，我有責任表明自己的立場。於是，我召開了一場新聞發布會，表明我本人不同意、不支持，同時我也明確告訴大家，如果此方案通過，香港集資和證券交易市場就"到此為止"了，未來將再沒有機會與世界領先市場競爭。其後，證監會也開記者會，針鋒相對地說，是反對此方案的人不理解，其實新方案並沒有增加證監會的權力，因為證監本來就有否決權。當時現場立刻有記者質疑：根據當時制度，證監是"最後把關的守門員"，公司的上市申請經交易所批准後，證監再提出要不要否決，否決亦需有充分理由；如果新方案通過，證監的角色變成了"在最前和最後都由他把關"，可以直接否決上市申請，而且不用解釋。這其中的分別當然是極大的。幸好，經過幾個月的理性辯論，我提出的意見最終獲得市場、業界、各商會、學術界及香港特區政府的支持，方案諮詢的最後結果是：九成反對，一成支持。在整個諮詢過程中，我一直悉力以赴，盡了最大努力去維護香港金融市場的長遠利益。

相信國家　相信香港

這40多年來，除了投身金融領域，我也在香港、內地及海外擔任很多社會公職，這是受先父李東海的影響。父親始終相信國家，我也一樣，相信國家、相信香港。

家父在香港童軍總會、東華三院等機構擔任過重要職位，在家鄉捐建學校、圖書館、設立獎學金。上世紀80年代，家父就聯合香港地區的全國政協委員，發起成立了"香港友好協進會"，宗旨是團結愛護香港人士、推廣與內地及全球各地的經濟文化交流、促進香港繁榮穩定。現在我也是友好協進會的會董，經常接待來自世界各國並尊重愛護香港的朋友。家父很早就開始與意大利做貿易，1968年他率香港貿發局代表團參加意大利米蘭國際博覽會，後又擔任香港意大利文化協會會長，威尼斯水災時他組織捐款，是第一個獲得意大利最高動銜"大十字爵士"的華人。因此，當時不僅是中國，整個東南亞發生了什麼大事，意大利總統都要找我父親，問問他的看法。

家父做過對國家最重要的一件事，是在上世紀80年代末90年代初。當時，國家的改革開放進程受到質疑，很多西方國家紛紛從中國內地撤資、撤僑，意大利也有意召回旅居中國內地或在中國內地經商的本國國民，甚至打算在G7會議上杯葛中國。

幸好，當時的意大利總統在做決定之前先給我父親打了電話，找他過去，想要了解中國內地的真實狀況到底是怎麼樣的。記得當時父親跟總統說，中國有十幾億人，不像你們的國家只有幾千萬人，一旦

李東海、李君豪父子與時任意大利總統Francesco Cossiga會面

69

2007年，李君豪在湖南一所小學訪問

發生了重大事件，若不早日去除病灶，就會很快擴散，像是癌症一樣。要是不夠決斷，以後問題會更加嚴重，這是沒辦法的事。這番話普通市民不一定能理解，但站在國家領導人的立場，意大利總統立刻明白並表示同意我父親的話。因此，最終意大利政府並未鼓勵撤走他們在中國內地的神父和商人。由於其他國家的外商大量撤離，而當時適逢中國大力推行改革開放、前景無限，留守中國的意大利商人最終得到了更多、更好的機會。一年後，意大利總統特意前來跟我父親道謝：「還好當時與你談過，我們拿到了很多合約。」

1990年代，香港移民潮蔓延，社會流失大量精英。很多人選擇離開，但也有一些早年移民的人選擇回流，其中以加拿大移民最多。當這些早年移民加拿大的香港人想要回港時，子女教育卻成了一個大問題。於是，我和一班志同道合的朋友，響應政府呼籲，籌劃創辦香港加拿大國際學校，為回歸的港人解決這個問題，更重要的是，協助吸引人才回流。籌備期間，我從早上7點到晚上9點、從周一到周五，幾乎每天開會研究工作，足足堅持了9個月。如今，香港加拿大國際學校已是香港最好的國際學校之一，也曾獲得“全港最佳國際學校”的榮譽。

創辦這所非牟利的香港加拿大國際學校完全是為了香港的長遠人才發展。父親和我一起創立的基金以改善社會福利及促進文化藝術發展為宗旨，也為這所學校添置了附設專業演奏廳的綜合大樓——“李東海藝術中心”，以配合學校未來發展，為培育下一代略盡綿力。

無論在艱難時刻還是繁榮年代，父親和我都是發自內心地相信國家、相信香港，盡自己的力量，相信國家和香港的未來會更好。愛國愛港，是一種信念，更是一種力量，砥礪我勇往直前，永不停步。

馳騁金融界七十載　笑看風雲變幻

文/ 李和聲
香港上海總會永遠名譽會長、大唐金融集團董事會主席

　　我生於1928年，今年恰好90歲。我這一生，與香港金融界相偕成長、休戚與共，經歷了無數風風雨雨，一路走來，只覺舒展自如。笑看眼底山河、胸中事業，如今我是無欲無求，只盼能為祖國、為香港、為京劇、為教育多盡一分力，多發一點光，這些都是源自我為國盡力、報效桑梓的初衷。

金融危機打大鱷

　　我14歲就開始學做生意，這麼多年來，經歷風險無數。1997年香港回歸之前，資本市場躁動不安，僅一年多，樓價和股市指數就翻倍，異常暢旺。我覺得很奇怪，後來一查，所有的資金幾乎都從外國過來。1996年11月，我作為香港特區第一屆政府推選委員會委員，在選舉行政長官答問大會上，向三位候選人發問：“海外資金大量湧來，萬

一1997年後，有偶然的機會或者有人故意做動作，一夜之間把資金抽走，引起金融震盪，你們應該如何對付？"翌日，香港的報紙把這段話全文照登，還配上大標題《李和聲：假如股災再現？》

當時香港股市與地產一片欣欣向榮，我的預警並未引起重視，反而惹來杞人憂天的譏諷。結果，偏偏被我言中！ 1997年亞洲金融危機爆發，香港上市公司市值在次年10月23日"黑色星期五"暴跌4,335億港元，股市、樓市一夜跌至大漲前的水平。

在此關鍵時刻，香港特區政府獲得北京支持，積極干預，由國務院副總理朱鎔基親自坐鎮。我亦有份相助，在整個"打大鱷"的過程中，擔當了舉足輕重的一環。特區政府動用外匯基金救市，短短10個交易日，以1,200億港元買入33隻大藍籌股和期指。我們每日觀察情勢，分析策略，順隆集團因此成為協助特區政府擊退強敵的少數證券公司之一，幫政府接了很多股票，後來這些股票變成盈富基金。港府最終以高度的介入，擊退了國際炒家，盈富基金誕生以來，也帶來了年均7%的可觀回報。

助滬發展　團結在港滬人

改革開放初期，上海百廢待舉，時任市長汪道涵廣邀海內外專家學者共商良策，我也慶幸居於受邀之列。當時，我率先捐出150萬元人民幣，作為"上海慈善基金"的始創捐款，作為基金的創會董事，我多次邀請上海官員來港考察慈善機構，致力為滬港慈善事業籌謀，現在基金已發展得頗具規模，甚感安慰。

1985年，我與唐翔千等香港知名人士倡導發起了滬港經濟發展協會，以推動滬港兩地社會經濟共同發展。在香港定居的上海人士數量眾多，對香港經濟發展、對內地改革開放貢獻極大。而位於香港中環雲咸街一號南華大廈的上海總會創辦於1977年，匯集香港社會賢達和滬籍商界翹楚為會員。說起會所的購買，背後還有個曲折的故事。

2003年香港非典肆虐期間，房價暴跌，地處中環黃金地段的南華大廈，有業主放盤出售兩個整層相連的商舖。根據多年經驗，我認為有商機可乘，於是竭力主張大家把握投資時機，為已在南華大廈有一層樓面的上海總會擴展會所。然而，當時董事會的全體理事對此猶豫不決，認為經濟低迷時貿然投資，恐怕會虧蝕。當時我堅信機不可失，於是提出由我獨資買下南華大廈一樓與二樓並闢為會所，今後若房價下跌，就由我本人負責，若房價漲了，就讓總會按原價購入，造福會員。如今，上海總會坐擁18,000平方呎物業，房價以天文數字倍

受時任上海市市長汪道涵之邀，李和聲為上海推行改革開放建言獻策

家國情匯 香江 ——
復興夢耀 中華

增，實力和影響力隨之上升，得以躋身香港八大社團，為香港繁榮穩定作出極大貢獻。

傾心國粹　推廣京劇不求回報

六歲起，我就開始跟隨父親在上海欣賞京劇，先學花臉，後改拉京胡，獲得梅蘭芳先生的琴師任莘壽、倪秋萍、姜鳳山和虞化龍的指導。我對京劇的熱愛，還感染到太太尤婉雲，她學唱青衣。早在1979年，我們夫婦便在香港大會堂大劇院登台義演，為香港中文大學籌款助學，並聯同上海總會捐款1,350萬，為中大建造了"上海總會科技研究中心大廈"。

我們對弘揚京劇國粹傾盡全力，多年來，我先後支持了1990年紀念徽班進京兩百周年演出；1994年在香港舉辦梅蘭芳、周信芳誕辰百年演出；同年，我參加北京中南海懷仁堂舉行的除夕京劇迎新春活動，獲得當時中央領導江澤民、喬石、朱鎔基、李瑞環、劉華清五位常委的接見及嘉許，我和夫人成為有幸進入懷仁堂演出的僅有的二位海外人士。1995年，我連同香港商界同仁向天津捐資120萬元，此後更每年捐贈10萬元，贊助年輕一代普及京劇藝術，迄今從未間斷。這一年，中國文化部授予我中國京劇藝術基金會首屆金菊獎。

為迎接香港回歸，我與幾位好友於1996年開始就積極籌劃香港開埠以來最大的《慶回歸京劇大匯演》，遍邀京津滬港及全國各地兩百餘位京崑名角，接連8天，唱足10台好戲。香港回歸儀式當晚，當五星紅旗徐徐升起，大幕重開，鑼鼓又起，兩地藝術家合演《紅鬃烈馬》最後一折《大登殿》，把團圓、吉祥、喜慶的氣氛推向高潮。前來觀摩的各國駐港總領事及夫人拍手叫好，甚少出席社團活動的"超人"李嘉誠也捧足全場。

　　輿論界紛紛用"世紀匯演"、"盛世元音"來形容演出盛況。7月5日晚，夫人婉雲還親自披掛上陣，與梅葆玖一起主演梅蘭芳名戲《穆桂英掛帥》，由我操琴伴奏，真是難得的回憶。從此以後，我們每五年都很開心地為慶祝香港回歸周年籌辦"京劇慶回歸"活動。

　　另外，我於從1991年就與志同道合的票友，共同創立北京國際京劇票房，並接受鄧小平夫人卓琳的提議，在香港組織"振興票房"，2007年獲得中央電視台頒發的全國最佳票房獎項。我先後資助香港中文大學和復旦大學開設"京崑戲曲課程"，致力在兩地青年學子中普及京崑藝術，又與夫人一同捐資30萬港幣在浙江大學成立婉雲京劇

1994年，北京中南海，黨和國家領導人江澤民、喬石、朱鎔基、李瑞環、劉華清等與李和聲合影

家國情匯 香江 —— 復興夢耀中華

社，由她擔任名譽社長。閒暇時，我還在上海總會設立康樂組，將眾多原本不諳京劇的會友培養為愛好者，這份滿足感真是金錢難買。

鼎力支持教育

我少時失學，引以為憾，所以一直篤信"培育英才、崇學敦教"是造福社會的最佳途徑。我與香港中文大學素有淵源，1997年出任中大逸夫書院校董會副主席，同年捐款給書院成立"李和聲自學資源中心"；2007年再增資改建為"李和聲香港歷史資源中心"。親友及子女也在2007年以"秉花堂李氏基金會"名義，合資捐贈一億五千萬港元在中大創立了"和聲書院"。2011年中文大學頒授榮譽社會科學博士

1997年，李和聲策劃主辦"慶回歸"京劇大匯演，與李嘉誠等人合影

學位給我，以表彰我對大學及社會的卓越貢獻。

此外，我還致力支持內地教育。2002年，捐資200萬元人民幣在浙江大學設立"李和聲經濟與文化研究中心"，並擔任浙大名譽教授。最令我高興的是，當年來港求學、參加"家在香江"活動的內地學生，如今已經有能力幫助有需要的人。其中在國泰航空雅加達分公司擔任總經理的徐谷昀同學、在海航集團擔任副總的張舒同學、在螞蟻金服擔任國際公關總監的楊昕韻同學、在國際著名律師行Reed Smith獨當一面的覃露晞同學、作為香港交易所"萬裡挑一"管理培訓生的顧軒……，每逢會所舉辦"家在香江"活動，他們都騰出時間來上海總會，與學弟學妹交流互動。這些事業有成、不忘貢獻社會的內地來港優秀人才，是香港持續保持國際競爭力的生力軍之一，未來前途無量。

薪火相傳

如今我已屆鮐背之年，令我心滿意足的是，我們李氏家族的下一代，也都把貢獻社會看成人生價值的最大體現。次子李德麟便曾任浙聯會第七屆、第八屆會長。那時浙聯會的會所僅千餘呎，不敷應用。李德麟經過幾個月的物色，決定買下位於香港灣仔繁華地段的三層商務樓，總面積有一萬一千多平方呎。由於浙聯會的資金尚未到位，他便考慮自己先出錢購下。那時他回家與我商量，我立刻拍板，決定"一人一半"，就當是我們父子倆投資了。沒料到消息一公布，不到一個月便有25位浙江同鄉集資了一億多元港幣，解決了會所問題。

現在，德麟作為李家企業大唐金融的掌門人，成功帶領企業在香港交易所上市，更被香港金銀業貿易場推舉為理事長。擔任行業公職期間，他力推滬港黃金交易開放合作。擔任浙江省政協常委，以及第十二屆全國政協委員期間，德麟一直聚焦民生福祉，從污水環保到青年教育，從江浙滬的發展到香港的未來，始終建言獻策。

2016年德麟又幸獲推舉選任為上海總會會長，更積極推動滬港雙城的合作。弟弟德楨亦延續李家作育英才的宗旨，身兼上海政協常委、香港中文大學逸夫書院校董，2018年出資贊助並親自組織香港中文大學"逸夫書院"及"和聲書院"學生到上海參加"滬港明日領袖培訓計劃"，讓香港學生通過在上海工作、生活、社交去拓擴眼界及人際網絡，豐富職業規劃的資源，更培育愛國愛港的年輕力量。

如今，我們李家一門為香港金融業服務的拳拳之心已綿延至第三

李和聲參加香港中文大學"和聲書院"奠基典禮，四任校長齊來祝賀

代，德麟之子惟宏亦出任了香港證券業協會副會長，寄望日後家族金融人才輩出，生生不息。

我很慶幸，李家愛國愛港、報效桑梓的情懷後繼有人。

■ 李和聲、李德麟、李惟宏祖孫三代擔任港區人大選委，
愛國愛港精神薪火相傳

取之社會用之社會　教育是千秋大業

文/ 李達三
原浙江省政協常委、香港浙江省同鄉會聯合會創會會長

我很慶倖能在短短數十年當中，事業略有成就，也積累了一些資金。我認同取之於社會、用之於社會的原則。我生長於上海，就業於香港，家族發源於寧波，所以將一部分錢財回報給這三個地方。

寧波同鄉會的成立與興學

香港寧波同鄉會於1967年成立，不知不覺竟已走過半個多世紀。香港寧波同鄉會實際上不是我個人發起的，只是我早就有此想法，故當有些朋友提議組織同鄉會時，便不加思索當即表示贊成。為何我會成為創會會長，說起來倒也是個有趣的故事。1967年某一天，有位先生拿來一本簽名簿讓我簽名，我接過來一看是個空白本子，便翻到中間一頁簽下了自己的名字。但我萬萬沒想到的是，隨後的簽名者都將名字簽在了我的後面，這就讓我的名字一直排在第一位。後來我才知道，

原來這是同鄉會創會簽名錄。同鄉會急需會長來主持運作,我心想總需要有人來主持,於是決定先挑起擔子,擔任理事會臨時主席。同鄉會初成立之時共有53名會員,包括王統元、包玉剛、邵逸夫、馬臨、曹光彪等等,都是當時香港社會知名的寧波籍代表人物。

我的大部分生意基地都在新加坡,創辦寧波旅港同鄉會對我事業而言並沒有什麼助益,但是我覺得既然參與了就不能馬馬虎虎,總歸要做出些成績來。教育是社會進步之根本,即使我們深知興辦學校必定困難重重(如辦學經費籌措問題),仍拍板作了辦學的決定,畢竟這是一件惠及大眾的有價值的事情,而且捐資興辦各級各類學校,本來就是寧波幫鄉賢的優良傳統,例如我曾就讀的澄衷中學和光華大學附屬中學,都是由旅滬寧波幫前輩創辦的。

當時適逢港英當局剛開始關注勞工階層的教育、醫療、住宅等一系列民生問題,同鄉會申請辦學的想法正迎合港英政府的思路,於是一切順風順水,寧波公學便在1971年落成並正式啟用了。後來,寧波公學校舍不敷使用,同鄉會又決定籌建寧波第二中學。兩所學校的校名前雖都冠有"寧波"兩字,但招生不局限於鄉賢子弟,而是面向全港社會,希望為香港培養一批優秀的人才,報效家國。

牽頭籌建浙聯會

香港回歸祖國前,浙江省的領導都注意到,兩地的交往必將日益密切,而同鄉社團作為兩地溝通的橋樑,地位和作用也必將日益凸顯。1997年6月,時任浙江省省長柴松岳來香港訪問時,曾找到我,希望成立浙江同鄉會。辦同鄉會最難的不是錢,也不是做事,而是人和

■ 浙聯會第一屆理事會就職典禮

人之間的協調工作。要將浙江省不同地區大大小小的同鄉會凝聚起
來，協調工作不敢想象，但既然省長發了話，我也看到了同鄉會在回
歸後兩地溝通協調方面的必要性，便沒有再推脫。

　　1997年5月，我們先打出了香港浙江省同鄉會聯合會（下稱"浙聯
會"）籌備委員會的牌子，以便開展工作。首先，邀請全省市旅港
同鄉會以團體會員身份參加，各派出一人組成聯合會理事會。而我
覺得這樣的構成還不夠具有代表性，因此提議吸收浙江鄉賢中的名
門望族以個人會員身份參與其中，這樣不僅更有代表性，而且更符
合香港實情。這個提議也得到了浙江省領導的重視和認可，於是我親
自上門，邀請在港的浙籍名門代表周氏家族、查氏家族、董氏家族等
加入。

　　1998年11月，浙聯會正式註冊成立。12月，第一次全體會員大會隆
重召開。香港特區時任特首董建華應允擔任贊助人，邵逸夫、曹光

彪、查良鏞、胡鴻烈、范徐麗泰等等浙江籍的知名人士都紛紛擔任了
榮譽會長，浙江籍在港的名門望族也都派出代表加入理事會，他們的
支持讓我備受鼓舞。

奔走兩地捐資辦學

這些年，我接受過很多採訪，很多人大抵會問我為何要奔走於兩
地，創辦同鄉會，還為這麼多學校捐資助學？我覺得這和我的教育經
歷不無關係。

我的教育經歷比較有趣，我是在父親自家辦的傳統私塾裡，遵循
父訓完成的啟蒙教育，當時父親特意請了一位前清秀才到家裡講授古

浙聯會新會所啟用典禮，全國政協副主席董建華、時任中聯
辦副主任黎桂康、時任浙江省副省長鍾山、時任浙聯會會長
陸增鏞和李達三博士等人合影

文。和一般接受西方教育的年輕人不同，西方文化講利和害，而東方文化還是講情，講禮義。

　　我在1943年抗日戰爭最慘烈的時候，由上海朝著西南方向，先後經過崎嶇道路、穿越荒山，搭乘火車及木輪推車等不同交通工具，花費了45天的時間，才到達大後方重慶。我幸運地被分派到重慶北碚夏壩的復旦大學，繼續修讀會計系，直到1945年順利畢業。在那樣一個兵荒馬亂的年代，這所學府卻是星光璀璨、大師雲集，一眾年輕學子風華正茂、書生意氣，命運給予我這般恩賜，我理當湧泉相報。

　　時局多舛，創業維艱，我畢業後便和母校斷了聯繫。直到1990年，復旦大學香港校友會舉辦了世界校友聯誼會，我受邀參加。那時我才知道，原來復旦大學已經沒有會計系了，1952年因為全國院系調整已併入上海財政學院。當時中國正在改革開放，社會經濟發展，對外經貿往來日益密切，怎麼能沒有會計？我當時便和當年的會計

　李達三博士復旦大學捐贈儀式

系系主任張光禹商量，恢復會計系是否可行，並提出可由我捐資建教學樓的建議。

很幸運的是，當時國家也已經注意到了培養高級會計人才的重要性，因此校領導非常贊成我的提議，很快就向教育部遞交申請，1992年復旦大學便恢復了會計系。次年1月，我向母校捐助500萬元港幣援建教學樓。會計系重新設立之初，我的確存在很多擔憂，如硬件軟件設施是否跟得上教學步伐，因此時常主動關心教學情況。當時的會計系缺乏骨幹教師，我便聯繫了香港中文大學，出資讓兩名復旦大學老師來到香港培訓，此後又出資給學生購買外國高校的原版教材，我是真的希望國家培養的會計人才水準能夠與世界接軌。

我的母校復旦大學悄然走過了百年，見證著祖國教育事業的不斷發展。2008年，我聽說十幾年前建造的"李達三樓"，隨著時代的發展，已經不能應付管理學院的教學需求。此樓當年由我提議出資所建，如今自然也有責任負責擴建。經諮詢，得悉改建教學樓大約需要800萬人民幣。當時我分兩次以港幣的形式付款，還記得那一年人民幣不斷升值，到了年底我對賬的時候才發現，由於人民幣的升值，匯出去的港幣變相少了幾萬元。實在過意不去，只能給校長寫封致歉信，趕緊補上差額，以免因為我的疏忽而讓學校教學樓重建出現困難。

1970年代，香港還只有兩所大學——香港大學和香港中文大學，寧波人馬臨成為第二任香港中文大學校長，因為中文大學由聯合、新亞、崇基三個書院組合而成，文人相輕難免存有門戶之見，三個書院各自為政，互不往來。馬校長和我商量，想興建一幢教學樓把各學系凝聚在一起。我當即同意了他的想法，決定捐助300萬港元。當時我提出了一個要求，這棟大樓啟用時不需要舉行奠基、揭幕等任何儀式，只希望大家能夠高高興興地搬進去，趕緊解決學系整合的難題。

我想，教育對於每個人，對於整個民族，對於一個國家都有直接而重大的關係，只有好的教育才可促使大量優秀人才湧現，國家才能進一步發展，才會富強。教育是根本，是千秋萬代的大業，因此有能力為祖國教育略盡綿力，是我最開心的事情。

為寧波的發展迅速感到自豪

今年是中國改革開放40周年，回想起來，其實改革開放之後，我幾乎每年都回寧波。1994年，我擔任了浙江省政協委員，幾年之後又擔任了省政協常委，到寧波的次數就更加頻繁了。中國經濟快速發展，而寧波的發展尤其突出，每年GDP增長達到兩位數。我親眼目睹了寧波從比較落後發展到現在一個這麼好的狀態，回想起來彷彿一切只是在一瞬間發生。

過去，一說自己是寧波人，別人就會問：寧波在哪裡？現在一說寧波，人家都舉起大拇指，說寧波經濟發展非常快，這令我感到很自豪。寧波每年都有很多大型活動，像服裝節、甬港經濟合作論壇等，還建成了世界上最長的杭州灣跨海大橋。我對寧波的前途抱有很大希望。我甚至想過，20年後，或許寧波能趕超香港也說不定呢。

借改革平台　創商業奇跡

文/ 李賢義
全國政協委員、信義玻璃控股有限公司主席

　　中國改革開放始於1978年。40年來，中國發生了天翻地覆的變化，從一個落後的農業國家變成繁榮昌盛的工業化國家，人民生活也從"一窮二白"邁入了小康。每一個中國人，每一個中國家庭都能感受到這種巨變，都嘗到了改革開放的甜頭。可想而知，如果沒有改革開放，就沒有中國的今天。

　　信義的創業就始於這個偉大的時代。1979年，我和8位伙伴開啟了至今已近40年的創業歷程。40年來，信義由一家只有一部拖拉機家當的小貨運車隊，成長為目前已擁有3家上市公司、海內外11大生產基地、年銷售額逾240億港元、總資產近570億港元、總占地面積超過1,000萬平方米、全球員工近2萬人的國際化企業集團。不得不說，如果沒有改革開放，也就沒有信義集團的今天。我不僅是改革開放的見證者，更是親歷者和參與者，我很感恩祖國改革開放政策、感恩這個偉大的時代。

四十年一如既往　九股東創商界奇跡

　　1952年，我出生在福建泉州石獅市一個普通的華僑家庭。由於家境貧寒，我15歲便離開校園開始工作。1979年，全國上下春雷湧動，改革春風吹遍大江南北。我與8名志同道合的親戚朋友一合計，決定合股組建貨運車隊跑運輸，走上了改變我們一生的創業之路。當時中國改革開放才剛剛開始，我的家鄉石獅還非常貧窮落後。9名股東湊起來的錢，也僅僅夠買一部拖拉機。但生意就是這樣做起來的──從零開始，從無到有。到了1983年，車隊總資產已有5部貨運汽車，在當地已是小有名氣了。

　　不久，我隻身來到香港，經營一家汽修汽配店，規模非常小，只聘了一名員工。當時與香港只有一河之隔的深圳，在改革開放春風吹

　　🔹 1979年，運輸車隊9名股東湊錢買的拖拉機

拂下已成了創業熱土，吸引了海內外很多企業家前往投資。於是，我也決定跨過羅湖橋，到深圳興辦實業。

1985年，通過朋友介紹，我初次來到深圳橫崗，開始考察選址，籌建信義汽車玻璃廠。當時橫崗非常落後，泥濘小路，到處荒地。而決定生產汽車玻璃的原因也很單純，就是希望能讓老百姓用上國內生產的汽車玻璃，一改過去必須從日本、台灣等地進口再轉賣所造成的價格高、品種少、效率低的境況。

經過三年籌建，信義汽車玻璃廠終於在1988年建成投產。一開始只有三四萬平方米車間，幾十名員工，辦公和吃住都在高溫酷熱的廠房里，條件十分艱苦。但作為泉州人，勤勞、拼搏的幹勁與特質，以及骨子里"愛拼才會贏"的不服輸精神，在這一時刻起了關鍵作用。就這樣，從汽修汽配到汽車玻璃生產，我們一路"摸著石頭過河"走了過來。

深圳是中國改革開放的前沿陣地，這片神奇的投資創業熱土上，曾經上演了許多白手起家的商業神話。信義也是在這一大環境下，本著"誠信和義氣"的價值理念，一步一個腳印發展壯大，為信義集團後來的多元化、全球化布局打下了堅實基礎。

1993年龍崗建區，橫崗作為龍崗的重要組成部分，交通也得到了很大改善。2001年，水官高速的建成通車更是給信義帶來了極大利好。這條深圳市西南至東北方向的主幹道從信義玻璃北側穿城而過，橫崗段出口距離信義廠不過百米。同年，我們將一條窄小的水泥路，改建成如今的市政道路信義路，並移交給政府，既便利了企業，也造福了更多市民。如今，龍崗已形成了"二橫五縱"高快速路網和"六橫八縱"主幹道路網等現代化交通運輸網絡格局，四通八達、便捷快速。

這些，都是改革開放以來的巨大變化，有機會參與其中，我深感榮幸和自豪。

　　信義集團發展史上最富特色的另一個亮點，就是創業至今40年，同時信義玻璃投產也已30年，但我們的股東結構，不管是當年的貨運車隊，還是如今旗下擁有三家上市公司的全球領先綜合玻璃製造商，都是9名股東，一直沒變更過。9名創始股東40年來同心同德，同拼搏、共進退，在"營商最難合夥人"的所謂商界潛規則中，這無疑是一大奇跡。我想，這得益於我們9個人都信守分享、共贏、誠信的為人處世原則。而且在創業之初，就將"信譽至上、義氣爭榮、自強不息、善待天下"作為我們的核心價值觀和行為準則。一個企業，只有同心協力搞生產，一心一意謀發展，才能在獲得財富的同時，也贏得合伙人的信任以及社會的尊重。

2005年，信義光能控股有限公司在香港上市

■ 信義玻璃廠房

三上市公司十一生產基地造玻璃神話

　　2018年，是信義創業40周年、信義玻璃30周年的華誕之喜。至此，信義玻璃沿著中國改革開放道路，在商海中已走過了30個春秋。經過30年的砥礪前行，信義玻璃在擴大橫崗生產基地之餘，還在東莞、虎門、江門、德陽、蕪湖、天津、營口等城市，以及馬來西亞、加拿大等國家和地區建起了11個大型現代化基地，超過20,000名信義人服務於全球160多個國家和地區。與此同時，產品也從單一的汽車玻璃延伸到建築節能玻璃、浮法玻璃、太陽能光伏玻璃、超薄電子玻璃產品等領域，成功開闢了全球市場，並於2005年在香港聯交所主板上市。

　　目前，集團旗下擁有信義玻璃控股有限公司（信義玻璃，00868）、信義光能控股有限公司（信義光能，00968）和信義汽車玻璃香港企業有限公司（信義香港，08328）三家上市公司。其中信義玻璃、信義光能為恒生環球綜合指數、恒生綜合指數成分股。並且，浮法玻璃日熔量中國排名第一；出口汽車玻璃佔全球替換市場20%以上份額；LOW-E節能玻璃佔中國15%市場份額；光伏玻璃佔全球35%以上市場份額；是少數幾家掌握超薄電子玻璃生產技術的廠家，打破了國外對該項技術的壟斷地位。此外，信義光能還是全球最大的太陽能光伏玻璃製造商，投資建設的地面電站併網超過1.9GW，年發電量達到21億kWh。

僅老本行汽車玻璃板塊，就有7萬餘種產品型號，幾乎涵蓋了所有車型。產品遠銷北美、歐洲、非洲、日本等160多個國家和地區，幾乎佔據了中國汽車玻璃出口總額的半壁江山，並計劃於5年內成為佔據30%份額的全球最大汽車玻璃替換市場供應商。

面對競爭激烈的市場，信義玻璃採取靈活的市場策略，背靠祖國，借改革開放平台，實現企業的跨步發展。在國際市場，面對美國玻璃企業的反傾銷投訴，信義玻璃積極應對，以良好的優勢，於2002年贏得中國加入WTO後第一宗反傾銷案的勝利。這次勝訴為信義玻璃在北美市場取得了關鍵性拓展，讓更多企業認識到"信義"這一中國品牌，並"意外"發現"Made in China"的玻璃也能經得起審查與考驗。信義長期堅持的重合同、守信用的規範經營，最終為自己贏回了難得的市場空間，也捍衛了中國品牌的榮譽。

從1988年至今，信義玻璃先後經歷了艱苦創業、海外擴張、發展壯大、產業升級等重要歷史性變革階段。信義玻璃始終如一，堅持將"信義玻璃"品牌做大做強。2012年開始，信義玻璃著力向高端玻璃市場發展，在現有四大玻璃產業基礎上發展了第五個產業——超薄電子玻璃，打破了國外對該項技術的壟斷地位，進一步提升公司產業整合能力和產品競爭力，實現企業戰略轉型和可持續發展。

　　與此同時，公司向新能源產業發展，不斷引進高端人才，加大研發投入，以節能、環保科技作為主要研發方向，先後成立了節能環保玻璃研發中心與博士後工作站，綜合運用光伏發電產業技術，推動光伏發電項目順利運行，並形成規模化發展。

　　如今，信義玻璃已從當年深圳的一個幾十人小作坊，蛻變成今天旗下擁有三家香港上市公司，全球十一大生產基地，產業範圍涵蓋浮法玻璃、汽車玻璃、建築玻璃、光伏玻璃、超薄電子玻璃的全球領先的綜合玻璃製造商，信義玻璃也在逐步完善並完成產業區域全球布局基礎上，穩步實現了集團由做大向做強的歷史性跨越。

　　2018年10月1日，信義集團在香港會展中心隆重舉行“信義玻璃三十載　璀璨煙花賀國慶暨改革開放四十周年”慶祝晚會。香港特別行政區行政長官林鄭月娥女士、中央人民政府駐港聯絡辦公室主任王志民先生、中國外交部駐港特派員公署特派員謝鋒先生、中國人民解放軍駐港部隊副司令員田永江少將及一眾官員親臨主禮，深港兩地政商翹楚和國內外嘉賓到場致賀，冠蓋雲集。晚會最後環節，行政長官等主禮嘉賓與我們一起，共同主持了由信義集團獨家贊助的國慶煙花典禮。璀璨奪目流光溢彩的煙花匯演，既是對改革開放40年來偉大祖國取得的豐碩成果表達了欣喜，更預示了中國新一輪對外開放的輝煌明天。

借農戶屋頂建清潔能源　開“精準扶貧”先河

　　“信義”二字在字典中的解釋，是信用和道義。信義人更將之詮釋為誠信和義氣。不僅僅是對產品而言，更包括信義人做事的方式和態度。在信義，每一位員工都是公司最寶貴的財富。我們關愛員工職業健康，定期組織員工體檢，不斷增加工藝改進和設備自動化升級等投入，以降低員工勞動強度，確保員工工作安全。此外，各事業部均設有工會和“愛心基金”，用於幫扶有困難員工及其家庭。工業園內部還建有各類文體設施，如羽毛球場、足球場、籃球場、健身房、圖書室等，以滿足員工對體育、健身、閱讀、娛樂、文化等方面的需要。公司還借助資訊化辦公平台，搭建企業和員工之間的有效溝通渠道，共同構建和諧信義文化氛圍。

在實現企業發展的同時，我也特別關注、關心、支持國家的慈善公益事業。我一直認為，幫別人就是幫自己，如果每個人都能為別人做些力所能及的事，社會就會變得更加美好。因此，除了公司成立和參與的各類公益慈善基金會和組織外，我也以個人名義設立了“深圳

李賢義在“清華之友——李賢義獎助學金”捐贈儀式上

市李賢義教育基金"、"清華之友——李賢義獎助學金"和"李施紅娘獎教獎學金"等教育基金，由我捐資發起或參與設立的教育基金和見義勇為基金多達7個，為發展教育事業、維護社會治安做出了重要貢獻。此外，我還在深圳龍崗等地捐建了石芽嶺公園、荔山公園等大型公益市政項目，為深圳市民提供了體育、休閒和遊玩的好去處。

幾十年來，我們已累計為香港和內地慈善公益、教育衛生、環保賑災、扶貧濟困、見義勇為等事業捐資捐贈近6億元。我也先後獲得了"傑出愛國港商"、民政部"中華慈善獎"及中華慈善總會"中華慈善突出貢獻人物獎"等榮譽，并榮獲香港特區政府頒授的銅紫荊星章和榮譽勳章，榮膺馬來西亞冊封D.M.S.M拿督勳銜。我十分珍惜這些榮譽，他們不斷鼓舞、激勵和鞭策我不忘初心，牢記企業家使命——在發展企業的同時，多做好事、多做善事、多做對社會有益的事。

在國家倡導和推動的節能減排環保工作中，信義亦率先把握低碳經濟脈搏，積極為國家節能環保戰略做努力探索，自覺履行企業社會責任。我們不斷加大對技術改造、節能降耗、環保設施的投入，以"引領綠色新生活"為企業使命，將"節能環保"作為企業發展戰略重要部分，植入到企業發展的每一個環節，實行"智造"生產。集團在工業園廠房屋頂建設"金太陽"屋頂光伏發電項目和地面分散式光伏電站共計220MW，在滿足工廠自身對電能使用的同時，也為公司創造了良好的經濟效益，極大推動了國家節能減排步伐，為人類可持續發展和改善地球環境承擔了企業應有的社會責任。

信義還創造性地將"金太陽"屋頂光伏發電這一綠色創新項目，運用到國家倡導的"精準扶貧"工作上。2014年，我們在安徽省挑選了1,000戶貧困農戶，為他們屋頂安裝了"金太陽"光伏發電設備，不僅解決了他們的日常用電開支，每年還能將剩餘電量通過國家電網賣出去增加收入。“授人以魚不如授人以漁”，信義開創的這一“精準扶貧”特色項目，很快得到了國家有關部門的肯定和推廣，“光伏發電+特色產業”的“陽光收入”照亮了貧困百姓家，中國許多貧困地區和貧困農戶由此迅速實現了“摘帽脫貧”。

助落後地區發展製造業　拓“一帶一路”商機

20世紀80年代至今的香港生活經歷，以及內地40年的改革開放政策，為我及公司積累了大量的海外汽車製造商和供應商資源。因此，信義玻璃成立伊始，就一直致力於出口海外市場的布局，先後在加拿大、美國、德國、日本等國家成立了公司，產品更是遠銷160多個國家和地區，國際化程度穩居國內同行業之首。

2015年，為響應國家“一帶一路”倡議，信義玻璃積極布局“一帶一路”沿線國家和地區市場，在馬來西亞馬六甲投建了大規模產業基地，生產優質浮法玻璃、建築節能鍍膜玻璃和太陽能玻璃等產品。2018年，信義玻璃又在加拿大多倫多增設了高自動化生產基地，產品主要以勞工少、自動化程度高的優質浮法玻璃為主。不久還將在東歐拓展大型海外生產基地。

對於中國新一輪改革開放及“一帶一路”倡議，我認為這是我們偉大祖國深化國際合作，著眼全球經濟新格局、新形勢所提出的為沿線國家人民謀福祉、求發展的互利共贏新目標。中國的企業、尤其是有核心競爭力的優秀製造業企業，一定要全力以赴只爭朝夕，抓住這一新時代下的新機遇。

經過40年的改革開放以及幾十年來工業製造的匠心沉澱，包括信義在內的很多優秀企業積累了大量的經驗、人才以及大部分的市場訊息，完全具備在強大祖國和香港的強力支持下，參與和支援"一帶一路"沿線落後國家發展製造業的條件。這是一個可以實現企業再發展、輸出"中國製造"經驗的大好機會，也可以給沿線相關國家提供就業機會，改善人民生活，促進中國與這些國家之間的兄弟友誼。因此，信義玻璃未來還將沿著"一帶一路"沿線國家和地區，布局信義玻璃全球化市場戰略，藉中國新一輪對外開放，再拓"一帶一路"新商機。

改革開放爲港商提供歷史商機

文/ 李德麟
浙江省政協常委、浙聯會永遠名譽會長、大唐金融集團副主席

上世紀80年代初期，我在父親的順隆集團裡任職。集團屬下有一家玩具製作工廠，由於長期經營不善，使得這家玩具工廠瀕臨清盤。當時得老板"臨危受命"，指派我去接手，看看是否還有挽回的餘地或者著手結束公司。雖然說是"受命"實在卻是一場考驗，其時我剛過"而立之年"，對於當時的我來說更是歷練，於是我斗膽接下了這個艱難的任務。

經過一番考察之後，發現工廠的經營確實問題頗多，但也並非無可救藥，玩具公司擁有完整的生產線，產品款式和質量也屬於上乘，中高層管理人員也屬資深專業人士，盡心也盡力，可惜公司卻連年虧損。經過月餘的深入了解和分析，效益低下的主要原因是由於生產、加工的成本過高，產品數量支持不足，房租及管理成本過高，因此毛利潤微薄。公司長期處於虧本經營狀態，此時要想扭轉局面之根本，就是必須縮減成本，所謂"開源節流"。

其時，國家正值改革開放初期，"三來一補"政策大行其道，在廣東省內剛開始蓬勃發展，在香港業界也時有所聞。受到"三來一補"政策的啟發，開拓了自己的經營思路：香港生產加工的成本太大，要想大幅度縮減成本就必須將部分製作和加工放在內地進行。於是通過父親的介紹，我認識了一位加拿大籍的廣東華僑長輩，經由他的介紹，我去往廣東省佛山市順德縣沙滘鎮考察，在那裡，我們經過洽談探討，雙方一拍即合。那裡原先是一個公社養雞場，經過改造變成了我們玩具公司在內地的加工地點。期間，我們充分利用"三來一補"政策優勢，將有關機器設備由船只從香港的工廠運往沙滘。經過一番調度，內地工廠開工接單。我們將原材料運往沙滘，並將原設在香港工廠生產的前道、中道工序全部移進內地工場運作，完成部件生產後，再全部運回香港工廠組裝，包裝，（此舉措也避免影響產地來

■ 慶祝上海證券交易所成立

源證Made in Hong Kong的申請）。加工場地增大了，租金成本卻大幅降低了，當地農民經過我們派遣的香港資深員工的指導和培訓，很快上手並成為熟練工人。由於"農轉工"，他們的經濟收入也大大提高，生產積極性也很高，"工源"也很充分且穩定。內地工廠的製作成本低廉，在香港的工廠經營成本也大幅降低，我們產品的定價則可以做更有市場競爭力的調整。隨著價格合理化、質量上乘，產品的競爭力不斷攀升，客人的訂單也隨之增加。經過近一年的努力，玩具公司逐步轉虧為盈。有件趣事則可同大家分享：之前公司出貨時通常租用2噸的貨車或20尺貨櫃車運輸。某日，我們公司大門口停下一輛40尺的貨櫃車，從前未有試過用大車在我們公司提貨，門衛便上前驅趕他離開，經交涉，確定是來我們公司提貨的車輛，一場誤會引來皆大歡喜，成為公司內一時佳話，從中也可看到公司的改變和發展。

改革開放、優勢互補的雙贏模式，不僅讓內地人民看到了富起來的希望，也帶給了香港商人更為寬廣的商機。

90年代初，上海證券交易所正式成立，我們香港的證券業界和黃金業界的從業人士都有組團到上海祝賀，並得到了時任市長朱鎔基先生的接見。交易所籌備期間，我們也曾與籌備小組成員多次交流和探討，並提供了大量的香港證券業界發展經驗和資料供籌備小組成員參考，為交易所順利建立作出了貢獻。

新世紀初，上海黃金交易所開始籌建，香港黃金業界又為此貢獻力量，許多交易所的規則、制度，許多黃金產品交易、交割、結算、倉存等的模式和手段，以及黃金產品的成色、規格等等，都是在我們探討、交流下產生的。為將"上海金"推上國際市場，現在大家每天在金融資訊中看到的"人民幣/公斤條"黃金產品的報價，即是由香港黃金業界主推，而今已成為國際金融資訊中，不可或缺的其中一條重要資訊，廣為投資者關注。

40年的改革歷程，彈指一揮間，看到今天國家強大，社會穩定，人民富足，前途無量，感歎無限，也由衷的歡欣和鼓舞。

■ 李德麟出席中國人民政治協商會議第十二屆全國委員會第一次會議

家國情匯 香江 復興夢耀中華

改革開放促進家鄉和香港共同發展

文/ 吳良好
全國政協常委、金威集團控股有限公司主席

"萬元戶"赴港從零開始，7個月升領班1年後成廠長

香港是我人生的一個轉折點，而我與香港的緣分亦得益於改革開放——我1981年7月獲批移居香港，若不是改革開放，我不會有這個機會。

來香港之前，我已是福建福州小有名氣的製衣師傅，在福州和廈門都開辦了"良好服裝培訓班"，帶了不少徒弟，甚至還出了一本叫做《良好服裝裁剪法》的專業書籍。1975年時我已是"萬元戶"。現在的年輕人可能對"萬元戶"這個很有時代感的名詞沒什麼概念，但了解那段歷史的人都知道，當時鳳毛麟角的大學生一個月工資不過46塊5毛錢，整個國家也沒有多少"萬元戶"。

然而，作為"萬元戶"的我，在香港的日子仍然是從吃苦開始的。

我在福州時帶了個香港徒弟，來香港之初，我就寄居在他家。他上夜班，因而他工作的時候我便可以在他的床上睡覺。每天淩晨四點多我就要起床，給他一家人做早餐，送他哥哥的孩子去上學，之後去酒樓打工，當時我也不會說廣東話，只能做洗碗工，下班後再去一個美國的電子廠擰螺絲。每日工作16個小時，日復一日。

　　我終於捱到病倒。繁重的勞動令我在30歲就患上了腰椎間盤突出，嚴重到在瑪麗醫院住了16天。我躺在床上，看著周圍病友都有人送飯送菜，而我一個人孤單單，很是傷感。醫生要給我開刀，我問朋友意見，他說：“你才30歲呀，這就像衣服破了個洞，再補就難看了。”我聽了這席話，拒絕了手術，回到家鄉福建仙遊治療，但只幾天就又返回香港，因為母親看著我這樣捱苦，天天心疼落淚，我實在不忍母親難受，心想我的苦還是不要讓她看見。

　　我也曾想過放棄。在香港我一人做兩份工，每月也只能賺210港幣，當時合人民幣不到500元，可是我在福州時一個月怎麼也能掙八九百元。可我不想就這樣一事無成地回去，怕被人笑話，也就這樣咬咬牙堅持下來了。現在看，幸好是堅持下來了。

　　生活的轉機來自於一次偶然的閒聊。和我一起在美國電子廠擰螺絲的一位工友得知我在內地是做製衣生意的，就問我為什麼不再找個裁縫的工作？其實，一是因為沒有門路，不知道去哪裡能找到一份裁縫的工作；二是因為當時內地用的是腳踏式縫紉機，而香港用的是電動縫紉機，我擔心自己不會使用香港先進的設備。這位工友後來給了我一個服裝廠地址，我找過去，老闆恰巧是福州人，我因為會講福州話、又有手藝，加上當時正值十月，是製衣業旺季，人手不足，老闆答應給我個機會，讓我做劃鈕門雜工。

我很珍惜這個機會，認真學習，勤奮工作，在劃鈕門之餘還學會了使用電動縫紉機。7個月我就做到了製衣廠領班（相當於車間主任——編者注），一年之後，1983年初，我就當上了廠長。這期間，我白天工作，晚上還要到香港理工學院夜校進修服裝管理，提高自己的本領。

　　1984年，這個服裝廠瞅準改革開放的機遇，打算與北京的國營服裝廠合作。因為我對內地的人情世故更了解，普通話也相對好一些，老闆就派我去北京與北京服裝二廠談合作，這是我第一次以港商的身份和內地企業有商業往來。那個時候，內地和香港在製衣方面還有明顯的差距。北京服裝二廠承擔了部分給領導人做衣服的任務，有很多手藝很好的老師傅，但是他們的版型就不夠"新潮"，西服多是水桶型，沒有線條、不收腰，在設計這方面，我們把香港的經驗帶了過去。

如果沒在家鄉投資，總覺得欠點兒什麼。

　　1988年5月8日，我開了第一家屬於自己的香港公司——金威服裝貿易公司。這個公司的發展，也得益於改革開放，因為我們做的是當時流行的"三來一補"生意中的"來料加工"生意：我們接下國際知名品牌華倫天奴和法國都彭等西裝成衣的訂單，從國外進口面料運回浙江奉化，按照這些國際知名品牌的質量要求在奉化的服裝廠加工出成衣，賺一些加工費。

　　這個過程其實是我們香港遊子貢獻改革開放的過程——沒有我們，當時剛剛開放的內地很難接到這樣國際知名品牌的訂單；當然這個過程也是我們受益於國家改革開放的過程——背靠內地的服裝加工生產能力，我們才能夠承接這麼多訂單。

在這個過程中，我賺到了錢，但心里總覺得少了點什麼。於是，1989年，我在家鄉福建仙遊建了當地第一家外資服裝加工廠。其實，在當時歷史條件下，把服裝外貿加工廠建到仙遊，是不符合經濟規律的。仙遊當時還是福建比較貧窮落後的地區，雖然勞動力便宜，但是沒有什麼產業工人，當地勞動力在技術水平上還不能完全勝任工作，產業配套也遠不如現在。另一方面，西裝對防褶皺的要求最高，必須掛裝運輸，運輸成本較一般服裝更高，而仙遊到香港路途較遠，那時路也不像現在這麼好走，沒有什麼高速公路，顛顛簸簸十七八個小時才能到港。等衣服運到香港，我們須連夜重新熨燙整理。如果把廠建在深圳或東莞，就不用費這個功夫。但是我們福建人就是這樣，對祖

金威集團辦公樓

國對家鄉的情結很重，在香港創業的人，如果沒有在家鄉投資，總覺得欠缺一點什麼。可以帶動家鄉致富，讓我們感到沒有辜負家鄉的養育之恩，為此吃些苦也覺得開心。

也是因為這一份鄉情，我們廠的生產生活條件在當時是讓很多人想象不到的。上世紀八九十年代，內地買糧食還要用糧票的年代，我們的廠房已經安裝了中央空調，職工宿舍也有空調。工人的工作環境一定是乾乾淨淨的，生產設備都是國外進口的。我們還專門從香港和浙江、上海請了老師傅，對工人進行培訓。我們這間服裝廠，不僅為當地解決了一部分就業，提高了家鄉人民的收入，而且還為家鄉出口創匯，貢獻了地方稅收。

1991年，我在福州福廈路旁的郊尾黃金地帶辦起了金威服裝（福建）有限公司，我決心把福建打造成為西服的出口基地。生意一度做到很大。但是貼牌出口生意也有不足。我們貼人家的牌子，就免不了受制於人，如果人家不給我們訂單，我們就沒有了生計。而且我們的加工費很低，一套西裝幾百元；但他們再賣給消費者的時候，一件要上萬元。絕大部分的錢還是讓那些國際知名品牌賺了去。所以我就想，如果我們有自己的品牌，就能更好地帶動家鄉人民共同致富，於是我們就推出了"金威世家"這個牌子。當時在全國開了500多個店面。1998年12月1日，我的服裝企業在香港上市。

2000年左右，互聯網的發展為世界經濟開拓了一個新的維度，我的事業也從傳統服裝製造工業延伸到高新科技產業。在這一過程中，我果斷選擇和國家的科研院所合作，就是想通過我做產業的經驗，促進國家的科技創新；也背靠國家的科技實力進步，促進我的產業轉型升級。這也是改革開放40年中，我們這一批港人既貢獻改革開放、也受益於改革開放的一個體現。

　　2001年，我和中國科學院軟件研究所合作開發軟件，獲得了世界發明專利。我家鄉的領導也聽說了我和中科院的合作成果不錯，他說投資高科技產業很好，同時也進一步提示我可以考慮把高科技用在傳統工業產業中。傳統產業增加一些高科技元素，就可以立於不敗之地。比如把納米技術用在西服布料上，能夠起到讓西服更加防水防塵防油的作用，會受到市場的歡迎。於是，在家鄉領導的牽線搭橋下，2002年，我又與中科院化學所產學研結合、研發納米技術，成立了中科納米技術工程中心有限公司。

　　中科納米在北京中關村和蘇州工業園都建立了產業基地，不僅做納米西服布料，而且還做納米跑道、納米玻璃等等，國家大劇院的納米玻璃就是我們的成果之一。2003年我又和中科院金屬研究所合作研

■ 吳良好向前來金威視察的時任國務委員陳至立介紹納米西服

家國情匯　香江　復興夢耀中華

發了納米金屬塗料。這種高科技塗料用在輪船上，船體不容易髒，船可以航行得更快；同樣的道理，納米金屬塗料也可以用在飛機上。

除了與內地科研院所合作進行科技自主創新外，我還積極響應國家工業反哺農業的號召，在農業產業化領域進行了投資。我們的養豬一條龍服務年產值已超過20億元人民幣，是中國全國農業產業化龍頭企業。

可以說，在參與國家改革開放的過程中，我們帶著內地企業一起致富，也受益於內地科技的發展，得到了內地科技企業的支持。我親身感受到融入國家發展的好處，也願意把這個經驗與身邊的人分享。1993年，我擔任香港莆仙同鄉會的副會長，之後又擔任了10年會長。再後來我還擔任了香港福建社團聯會主席。我因此有很多機會遊說鄉親們，我就跟他們說"到內地投資好不好，你看我就知道了"，很多鄉親在我的帶動下都紛紛回內地投資，我們市的領導因此給了我個"對外招商局局長"的民間"封號"。

改革開放以來，香港企業家在福建累計投資約是800億美元，佔到福建省實際利用外資的三分之二。福建企業在香港投資約100億美元。約80家福建企業在港交所上市，融資約1,000億港元。國家的改革開放政策促使了家鄉和香港的共同發展，這是讓我們感到非常自豪的事。

籲港人積極參與新一輪改革開放、做第二次創業

現在香港趕上了好時候，國家將全面深化改革、進一步擴大開放，這給香港提供了難得的歷史機遇。最近，便利港人在內地創業就業求學的政策接連出台，我覺得我們港人真的要把握機遇，回內地參

與新一輪改革開放，做第二次創業。

"一帶一路"建設是機遇之一。以我們福建社團聯會為例，在香港有120萬閩籍鄉親，其中大多數是華僑子弟，曾在"一帶一路"沿線國家居住生活，既了解那邊的文化風俗，也有一定的政商人脈，完全可以發揮這一優勢，助力香港更好地發揮"超級聯繫人"的作用。對在港閩籍鄉親來說也是一次成就自己事業的機遇。

家鄉的發展是機遇之二。改革開放40年來，福建的營商環境不斷優化，釋放出巨大的改革紅利。比如，我們有了平潭綜合試驗區；今年5月國務院又印發了進一步深化中國（福建）自由貿易試驗區改革開放方案的通知，提出打造開放和創新融為一體的綜合改革試驗區、深化兩岸經濟合作示範區和面向21世紀海上絲綢之路沿線國家和地區開放合作新高地。相信投資准入會進一步放寬、對外貿易會更加便利、簡政放權成效將愈加明顯。把握機遇，就可以再次與家鄉同成長。

此外，在參與新一輪改革開放過程中，個人認為要注重青年人的交流交往，為香港青年創造更多的機會了解祖國。作為全國政協委員，我有這樣一個提案：希望在港中資機構帶頭招收內地大學畢業的港生。為什麼提這個建議呢？因為我在調研中發現，部分內地高校招收港生的名額還有剩餘，這是由於部分港青憂慮在內地上大學會造成與香港社會脫節，給返港就業造成障礙。

我們知道，香港青年在內地讀大學，對他們更加了解祖國實際情況，增加身份認同感，以及日後為中華民族復興做貢獻都是很有正向作用的。所謂百聞不如一見，我們說再多，都比不過他們的親身感受。因此我認為，真的要為打消他們回內地讀大學的顧慮做點事情。現在香港有大約4,000家中資企業，如果中資企業能帶頭優先招收在內地讀大學的返港青年，則可以起到一個引導香港青年赴內地求學的作用；同時，在內地讀過書的港青對中資的企業文化適應度也會比較高，對中資企業也是有利的。

　　總之，新一輪改革開放，是國家釋放的新的歷史機遇，我們香港人要牢牢把握這個機遇，為香港繁榮穩定、也為國家發展，貢獻自己的力量。

四十年改革路與我的成長

文/ 杜家駒
北京市政協常委、豐盛創建控股有限公司副行政總裁

　　我是一個於上世紀70年代在香港出生，土生土長的中國人。小學及中學階段在香港接受本地教育，並在港英政府殖民統治下成長。在香港中學畢業後到國外升讀大學，大學畢業後回港開始發展事業。在過去的40年裏，我成長的道路和事業發展剛好遇著國家改革開放，而於1997年我以青年人的身份親身見證香港回歸祖國懷抱，過去20年生活於"一國兩制"之下。國家改革開放政策和"一國兩制"的成功落實，都是新中國成立以後的兩項重要裏程碑，也對我個人的成長及事業發展有著重要影響和作用。

　　中學時期我便開始在家族企業學習經營，直至中學畢業後赴國外升讀大學。記得當時父親杜惠愷曾告訴我："在鄧小平開明政策的領導下，未來的中國將成為世界上最有前途及最富強的國家，'一國兩制'下的香港明天一定會更好！港人不用再移民了！"為此，1990年初，我赴英國牛津大學攻讀法律，並希望將來"一國兩制"實施時能

夠為香港作出貢獻，為國家服務。

　　1997年香港回歸之時，正是我大學畢業後即將完成執業律師課程的時候，通過外國當地電視直播觀看回歸儀式，見證香港特別行政區成立，香港正式回歸的歷史時刻，心情非常激動，百感交集。作為中國人，對祖國的日益強大及國際地位的大幅提升，深感驕傲，亦觸動了我內心的愛國情懷。過去父親給予我的信心，國家大力推動改革開放，讓我對新中國充滿信心及期待。

　　回歸後，我回港成為香港執業律師，並一直服務於家族企業，負責投資發展基建業務，經常奔走於內地不同城市。每次回內地工作都能欣喜地感受到祖國日新月異的變化，著實感受到國家四十年間的開放政策所取得的翻天覆地的飛躍發展。

　　與此同時，過去40年來，中央政府為深化改革開放政策，於香港回歸祖國後頒布了多項優待香港的措施，落實"一國兩制"：

　　第一，中央政府高度奉行"一國兩制"、"港人治港"、高度自治，不幹預香港政府內部的行政事務管理；

　　第二，1997年開始，駐港部隊進駐香港，守衛香港，保衛市民。有別於回歸前的港英當局，現在所有軍費均由國家撥資，不需要香港承擔；

　　第三，實施滬港通、深港通等金融舉措，開放股票市場，"北水南下"，國企因中央政府的政策對香港金融市場的穩定信心大增，紛紛在港開設總部，並以A股及H股市場於香港上市集資。在中央政府支持下，香港更成為境外人民幣結算中心，眾多境外銀行也紛紛來港設立分行。

　　第四，經濟方面，每年都會宣布眾多優惠政策支持、鼓勵香港企業到內地投資發展。2017年，中央提出了深化粵港澳合作，推進大灣區建設。粵港澳三地共同將大灣區建設成為更具活力的經濟區，對港澳參與國家發展策略，提升競爭力，保持長期繁榮穩定具有重要意義。

以上的政策及措施於習主席及中央政府支持下得以好好落實，並成功把香港打造成為國際金融中心，同時亦成為國家對外的重要窗口之一。我幸運地受惠於以上多項措施，過去的40年，在事業發展及個人生活上都享受到很多便利。

改革開放前，香港的民生、經濟的發展與今天有天壤之別。雖然在港英政府的殖民統治下，香港發展成為一個繁榮的國際城市，但很多民生及經濟政策都並非優待當時的香港華人，令大量香港市民對前途失去信心。當時人心惶惶，已有相當數量的市民移居海外，另外有些人亦準備辦理移民。

我祖父於1950年代便在香港創立家族的多元化業務，包括珠寶鑽石公司及地產發展，並成為一位出色的香港企業家，1970年，我父親接手家族企業，1978年國家實行開放政策，作為香港土生土長且較具實力的企業家之一，我們受中央政府邀請回內地旅遊考察。內地經濟發展的潛力令我們深受鼓舞，父親與舅父鄭家純先生於1982年在廣州合作投資並建造了中國第一家中外合資的五星級大酒店"中國大酒店"。酒店開業時，中央政府委派相關領導出席揭幕及剪綵儀式。這是我們業務首次進入祖國，經營過程中，當投資者遇到任何困難，中央政府都儘力幫助解決，各地官員對國家的改革開放政策，皆非常努力地去配合。

回歸前的香港已發展成為亞洲金融及貿易中心，中央政府及港英政府都認為香港需要有一個設備完善國際級的會議展場所來配合香港

■ 杜家駒家族參與投資的廣州中國大酒店

的經濟發展，因此就會議展覽中心項目及其填海工程作出招標。我們家族在投資"中國大酒店"項目時拿到了豐富的經驗，對"一國兩制"、改革開放也充滿了信心。因此，我們便積極策劃投標此項目，經過精心的準備，我們順利投得會展中心此項目。會展中心於1988年建成，成為全球最佳會展中心之一。其後，我們更是為了配合1997年香港回歸，竭盡全力於1994年至1999年間如期完成會展中心二期的興建。全世界的目光聚焦在此，共同見證政權交接的歷史性一刻！時至今日，會展中心仍是全亞洲最佳的會議展覽中心之一，亦是香港最重要的一個經濟發展場地，亦是我們由1980年代至今對國家發展充滿信心的其中一件引以為傲的事情。

1989年，隨著國家改革發展取得階段性成功，人民生活有了很大改善，為配合民生及經濟發展，廣東省政府公開招標環繞廣州興建內環線公路。香港眾多企業對該項目猶豫不決,舉棋不定。我父輩們毫不猶豫再次與廣東省政府簽約,投入大量資金發展該項目,成為當時香港企業的表率與先鋒。

這些成功例子,都印證著我們對國家改革開放的龐大信心。我家族企業全力在國內發展不同類型的項目,以配合國家的改革開放政

　1987年香港會議展覽中心平頂儀式

　香港會議展覽中心現貌

策，並且其後在內地大量投資房地產、酒店及基建項目。其中包括，
於1980年代中期，我家族企業於北京興建"京廣中心"，當時於北京是
一個非常大型的酒店房地產項目，大樓建成當日，是北京最高、最現
代化的辦公大樓。

　　另外，家族企業亦與法國政府於三十年前開始合作，引入法國國
營水務公司積極參與內地城鎮水務事業的發展建設及技術，北起昌圖、
南至三亞、東起上海、西達重慶，足跡遍佈大江南北。其核心業務涵蓋
飲用水處理、城市全方位供水服務、工業水處理、汙水處理及汙泥處
理。於過去三十年間，大大提高內地基建水平和人民生活質素。

　　於1990年代中期，我家族企業於上海市中心興建了一座當時於上
海全市最高的甲級商業商務綜合樓，集辦公樓、購物、休閒、娛樂、
餐飲為一體，成為在上海的標誌性建築。

過去國家改革開放的40年，我家族都在內地不同的城市進行不同的項目，以配合國家的改革開放政策。國家於這40年亦日漸富強，國際地位不斷提升。我家族企業因而受惠，得以在內地積極發展，成為內地其中一個最大的港資企業。

　　我家族熱愛國家，我父親當過全國政協委員。我亦幸運地被任命為北京市政協常委。多年來，我都竭盡所能，為國家效力。

　　鄧小平自1978年推動改革開放及於1984年成功解決香港回歸問題，我親眼見證改革開放以來國家經濟的發展，我家族得益於改革開放而取得的成果。這些年，我經常去內地出差，目睹國家日漸富強，老百姓生活質素大幅改進，精神文化越見充實，我感到十分喜悅，也非常感動。除顯著的經濟成果外，我國在國際上的影響力也大幅提升。今年是改革開放40年，我們將堅定不移地追隨國家發展步伐，將香港建設成為更美好的東方明珠。

家國情匯 香江 ——— 復興夢耀 中華

改革開放，讓中國走上國富民強之路

文/ 吳換炎

全國政協委員、中國僑聯常委、香港福建社團聯會主席

響應改革開放，"這個決定非常正確"

1979年1月，深圳市獲批成立；同年，我從福建來到香港，開啟了我的創業之路。起初，我的塑膠五金工廠設在香港荃灣，由於香港土地有限，企業可拓展空間也有限，於是，我開始尋求新的投資地點。1980年8月，深圳經濟特區正式獲批。1984年，我無意中在報紙上看到深圳寶安沙井招商引資的消息，我們就按照報紙提供的聯繫方式去沙井實地考察。當時的沙井可以說是一片荒蕪，大量的土地待開發，正好解決了我企業發展的空間局限，就這樣，我把工廠搬到了寶安沙井。

當時是改革開放初期，誰都不知道具體該做什麼、怎麼做，政府也是邊做邊改、邊出台政策。那時，香港人對內地還不太了解，擔心政策將來會變，許多商人都持觀望態度。我本身來自內地，比較了解內地，所以雖然還沒有先例，但我敢於嘗試，成了第一批從

香港到內地投資發展的商人。後來，陸續有其他港商來深圳投資，漸漸地，港商的足跡也擴大到廣西、湖北、福建等內地其它省份。

現在回想起來，回到內地發展的決定非常正確。如果當時工廠不搬到內地，根本就開不下去。當時，香港辦企業的各種成本遠遠高於內地——廠房、管理費、工人工資，樣樣都貴，而且深圳的工廠大都做的是來料加工，無需交關稅。和在香港建廠相比，工廠開在內地唯一多出的就是運費，但就算加上運費，內地成本都遠比香港便宜。做工廠，只有在內地才能做大、做強。

"如果不是改革開放，深圳現在可能還叫寶安"

改革開放之前，深圳還是一個小漁村，歸寶安管轄。1984年，我

▨ 上世紀80年代，吳換炎在建設中的深圳廠房邊

家國情匯 香江——復興夢耀中華

剛到深圳時，很多如今很繁華的地區都還是一片荒地，路上都是泥地，一路走過來，皮鞋全被泥巴粘上。那個年代內地很窮，土地也很便宜。那時沙井的街道上人煙稀少，工廠附近連吃飯的地方都找不到，每到吃飯時間，大家就騎著自行車到當地村長家裡吃飯。那個時候交通都靠自行車，我們和工廠管理人員聯繫要用對講機。我的工廠剛搬過來時只有1、2百人，隨著改革開放的深入，深圳的工廠越來越多，各地勞動力紛紛來深圳尋求工作機會，我工廠員工最多時高達4千多人。

那時，改革開放在深圳還處在醞釀階段，主要還是規劃和設計，明顯的、大範圍的變化還沒開始發生。當時深圳只有一個海關，就在寶安；碼頭也一樣，只有蛇口。寶安生產的貨物報了關就拉到香港來，再從葵湧出口到國外。當時交通還沒有現在便利，從深圳到香港要開3、4個小時的車。現在交通很發達了，從香港到深圳去，坐高鐵19分鐘就到了。

深圳在改革開放中發生重大改變是80年代後期到90年代初這段時間，樓房大廈、橋樑道路等基礎設施都開始快速發展，逐漸展現出國際大都市的雛形。改革開放40年，深圳的變化有目共睹，從原來道路泥濘的小漁村，發展成現在國際知名的經濟特區，高科技企業雲集，發生了翻天覆地的變化。如果沒有改革開放，就不會有現在的深圳，現在的深圳可能還叫寶安。我從1984年起就扎根於深圳市寶安區沙井街道，我很慶幸自己親眼見證了改革開放如何將荒蕪之地打造成繁華特區。

政府扶危濟困，挽救企業於危難

在深圳發展的幾十年裡，我的工廠雖然發展比較順利，並於

1996年在香港聯交所上市，但在1997年的金融風暴中，也面臨了瀕臨倒閉的極大危機。當時工廠原材料全部來自香港，而香港大資本家壟斷了市場、原材料價格不斷上漲，交通運輸很不方便、原料難以進來，工廠無法按期向供貨商交貨，又加上產品出口歐美的成本也不斷增加，最終導致工廠資金鏈瀕臨斷裂，幾千工人的工資眼看就要發不出來。就在這時，當地政府及時伸出了援手，並經由政府相關部門討論，決定出資500萬元，先幫工廠解決了工人的工資問題，穩定了軍心。同時，由於我們工廠平時積累下的良好口碑，供應商在交貨日期上得以寬限。這樣，工廠才得以逐漸從險境中走出，順利度過金融危機。如今，我的企業已經擁有在職員工數千人，在全國31個大城市設立分公司，年產值5億港元，每年為國家創匯1.2億港元，每年向國家納稅2000多萬元，擔負起了企業的社會責任，先後獲得"深圳市雙優企業"、"海關信得過企業"、"深圳市納稅大戶"、"全國外商投資雙優企業"等榮譽稱號。

經歷了金融風暴，我更深刻地體會到"誠信為本"的做人做事原則：我們對政府誠信、對供應商誠信、對客戶誠信，才能在困難時刻得到各方支持，挺過金融風暴；同時，這也深刻地啟發我，做企業搞單打獨鬥是不行的，一定要聯合政府和更多力量，才能共同克服困難，立於不敗之地。

"我有這個榮譽和擔當維護好國家發展成果"

於我個人而言，我受惠於改革開放，受惠於黨和國家的好政策，企業從小到大，從弱到強；我也因此懷著深為感恩的心，積極投身於深圳的經濟建設，除了發展自己的企業，還積極協助當地政府搞活招商引資工作，也因此獲得了一些榮譽。2011年，我有幸成為深圳市榮譽市民；2016年，又榮獲深圳最高慈善獎"鵬城慈善捐贈個人金獎"，這一切是深圳特區給予我的肯定與榮光。我在感恩深圳特區、感恩改革開放的同時，也特別慶幸我見證了深圳經濟發展的每一步，也見證了改革開放40年中國經濟高速發展的崢嶸歲月。

現在我大部分時間都在香港，作為香港福建社團聯會主席，我與社團成員們一起，堅決擁護"一國兩制"、基本法及"港人治港"，為香港長期繁榮穩定、為促進祖國國泰民安、為中華民族偉大復興提供堅實的力量。

香港的福建鄉親是很受重視的一個群體。我們福建在香港有120多萬人，是內地各省在香港人數第二多的省份，僅次於廣東。2018年10月7日，我們社團聯會舉辦換屆典禮時，全國政協副主席梁振英先生和特

■ 2011年，吳換炎榮護"深圳市榮譽市民"稱號

區行政長官林鄭月娥女士出席典禮，福建省委書記于偉國先生也特別率領福建省慶賀團出席。香港的福建同鄉一直以來都是愛國愛港、支持特區政府依法施政的重要力量，在諸如區議會選舉，立法會選舉、補選，反對非法"佔中"等社會事務上，我們積極參與、勇於發聲，支持特區政府依法施政，堅決和"港獨"分子鬥爭。平時，我們也盡力為在港的福建鄉親做好服務和聯誼工作。

我經歷和見證了改革開放40年，見證了改革開放造就了一大批成功香港企業家，也給我們香港人創造了很多就業機會，給香港經濟帶來邁步發展的機遇。所以作為全國政協委員和香港福建社團聯會的主席，我發自內心地相信，我有這個榮譽和擔當要把這個事情做好，維護國家發展的成果。

國家改革開放引領我開創人生重要一頁

文/ 何超瓊
北京市政協常委、信德集團有限公司行政主席

　　國家宣布改革開放那年，我16歲，仍在唸書。由於父親和家族的業務關係，我早已留意中國內地和港澳的發展。雖然當年香港還未回歸，但是當我知道中國終於走上改革開放的道路時，已經意識到中國將會有巨大的變化和發展，為我們所處的珠三角地區，帶來龐大的機遇；而身為中國人，就必先要裝備好自己，才能迎接改變和機會，參與推動國家發展。於是我從最基本的做起，決心學好普通話。然而，當年香港的學校一般都沒有教授普通話，普通話導師並不普遍。我好不容易找來了一位香港大學的教授，在我正預備出國留學的那個暑假，教授我普通話。從語言開始，逐步加深對國家的認識。

　　我十分慶幸40年前所作出的準備，為我日後在不同領域和範疇上的工作，包括政協和其他公職，以至自身企業的業務發展等等，奠下不可多得的基礎；讓我能更好地參與、配合促進國家改革開放，實踐推動區域融合的志願，切實為香港、澳門以及國家發展獻力。

緊貼國策　拓展業務

1972年父親在香港創立了家族企業信德集團有限公司，初年主要經營往來香港和澳門的點對點客船服務。國家改革開放，為我們這批扎根港澳的企業，帶來發揮累積多年國際經驗和網絡的大好機會。集團及後在港澳以至珠三角地區拓展了交通運輸、旅遊及消閒、房地產及投資等業務。

1984年我大學畢業回港，1989年首次回到內地，正好用得上我當年所學的普通話，去實地體察國家改革開放的初步成果，令我更有決心去投入參與推動國家發展。1995年我加入信德集團，隨即積極為集團業務發展作出策略性部署和整合。1997年香港特區成立，勢將逐步跟國家融合；國家的持續向前，將為香港以至整個區域帶來強勁後盾和廣泛

創立"噴射飛航"品牌，成為首批與國企合作的港資企業

機遇；因此，“配合促進國家改革開放”成為了集團業務發展策略的重要理念和我個人的動力。

為切實參與國家改革開放，把握推進國企改革轉型的契機，我們致力通過合作，為國企引進新技術，和現代化管理和服務業的經驗。因此，於1999年我們策略性地把信德船務業務與中旅營運的船務合併聯營，創立“噴射飛航”品牌，成為首批跟國企合作的港資企業，以協助國企單位提升水平，促進國企的創新和進步。

港澳兩個特區成立以後，集團繼續緊隨國家發展的步伐，運用我們的資源、技術、經驗和策略，打造不同的平台，推動協作，冀在國家改革開放的進程中，稍獻綿力。國家“十一五”及“十二五”規劃開始，銳意加快區域融合發展，進一步推進珠三角地區改革開放。集團積極響應，大力投放資源，強化區域連繫，以促進區域和諧融合發展，為日後的大珠三角、泛珠三角、“一帶一路”，以至粵港澳大灣區等等的建設鋪路。

我們身處珠三角，深諳地區的發展脈搏；在《內地與香港關於建立更緊密經貿關係的安排》和“個人遊”等政策出台以前，集團已預見粵港澳地區的融合發展將要加快，有必要為促進三地的人流、物流和資金流，打鑄條件和優勢。2003年，“噴射飛航”主動牽頭，跟香港機場管理局及珠江船務合作，在香港國際機場興建“海天客運碼頭”，開創全球首個海－空轉駁的多模式聯運交通平台，推出“噴射飛航機場航線”，以渡輪連繫珠三角地區內的主要國際機場，加強區內城市與世界各地的連接，促進區內互聯互通和交通便利。隨後，更拓展至陸上交通業務，與中國國旅及廣東旅遊集團合資經營提供澳門連接珠三角主要城市的跨境客運巴士服務。又透過參與包括香港大嶼山發展聯盟等的地區組織，聯合不同的行業界別，為推動區域合作發展創造條件，消除界限和壁壘。 2017年，集團與內地企業夥伴合組財團，成功投得港珠澳大橋跨境穿梭巴士專營權，冀在粵港澳大灣區的建設中進一步發揮效用。

我們深信區域融合可透過資源共享、互補發展，開創互利共贏。20年前，憑藉此信念，集團以港資企業的身份，把會展旅遊帶到澳門，營運管理澳門旅遊塔會展娛樂中心，引進嶄新旅遊、娛樂、會展、冒險及消閒的元素，培訓一批又一批的具國際水平的會展旅遊人才，為發展區域 "一程多站" 旅遊路線締造條件和基礎。此外，我們與區內的業界持份者合作，把我們的經驗輸送到內地，協助廣州塔及深圳平安塔開幕及制定營運策略，並落實結為戰略聯盟，加強相互人才、推廣、交流合作，促進各地旅業互動發展，將我們的經驗輻射至周邊地區，協助提升各地旅遊業水平，深化中國旅遊產業升級轉型。我們深切期盼能以此促進未來大灣區內各城市的互補發展。

在促進國家改革開放的路上，我們除了成功 "引進來"，也積極部署 "走出去"。2016年，集團成立了專業的酒店管理部門—雅辰酒店管理集團，建立具備國際水準的管理團隊，在國內外主要城市開發富亞洲特色酒店品牌之外，亦為各地的發展商及業主提供全面的酒店管理和營運方案，以民營企業協助中國旅遊 "走出去"。

15年前，我以港澳企業代表的身份加入了全國工商聯屬下全聯旅遊業商會擔任副會長，肩負商會的國際事務；該會為推動中國民營旅遊經濟發展的組織，多年來我協助促成了商會的多項國際合作，包括跟聯合世界旅遊組織(UNWTO)調研合作項目、跟世界旅遊及旅行理事會(WTTC)簽訂合作備忘錄、代表商會出席多屆WTTC的年度峰會等。

2012年，我也創辦了"世界旅遊經濟論壇"。論壇是首個以我國"一帶一路"倡議出發，審視全球旅遊經濟形勢的高端交流合作平台，致力推動公私營合作，以開創旅遊宣傳、投資和合作機遇。論壇雖然落戶澳門，但並不只是推廣澳門，而是全面推動中國旅遊的可持續發展，為國家旅遊從業人員提供培訓、推動旅遊扶貧、外交和文化交流。論壇亦組織我國民營企業家代表團到國外訪問，進行投資考察及交流活動，以延伸論壇的平台功能，促進中西民間組織及業界的溝通、交流和協作，協助實踐中國民營企業 "走出去，引進來"的策略。響應2018年中歐旅遊年，我們於2018年4月份率領了代表團到歐洲訪問，走訪了歐盟總部及議會，宣傳推廣中國旅遊並介紹粵港澳大灣區。

創建平台 培育新生代 宏揚中國文化

何超瓊創辦"世界旅遊經濟論壇"組織民營企業出訪葡萄牙及西班牙

129

40年前學習普通話為我打開認識國家的一道重要的門；我有幸於2003年加入政協北京市委員會，2008年起晉升為市政協常委，讓我有機會深入地了解中國。掌握好普通話令我在履行政協的責任時，更有投入和歸屬感，增進人際溝通，更好地了解國情。

透過政協這個廣闊、高效平台，我與一眾心繫家國的委員們，攜手為推動北京市的經濟建設和社會發展，積極建言獻策，謀求福祉。在中央及地方有關部門的信任及提攜下，我切實實踐政協常委的功能，認真履行參政議政的責任；每一次的發言、交流、考察、拜訪、遞交提案，都讓我獲益良多。為發揮好政協港澳委員的"雙重積極作用"，支持國家改革開放，我運用自身在京港澳的聯繫網絡，在不同的領域和範疇上，凝聚各地同胞和僑胞；分別於2015年5月及11月，牽頭創立京澳經濟文化交流促進會，以及共同發起成立香港北京交流協進會，目的是通過舉辦大學生暑期實習班、華人青年創新創業論壇等活動，深化京、港、澳在經濟、文化等領域上多方位的互動交流，服務三地建設發展，並向青年傳遞正向價值觀，為建設社會主義精神文明、構建和諧社會、培育國家美好未來的新力量貢獻。

國家有完善的婦女事務政策，給予中國婦女良好的發展條件和機會。而我擔任全國婦聯執委多年，能運用自己作為女性企業領導的經驗和網絡資源，去扶持及引導更多婦女發展自己的事業，投入為特區和國家貢獻，也是一個報效國家的難得機會。自1997年我又加入了香港婦女聯合協進會（"香港婦協"），至2017年當上了主席，期間策劃、組織和舉辦多項活動，促進中港澳的婦女交流，自我提升。2016年在擔任香港婦協副主席期間，配合國家"一帶一路"的建設，策劃了"一帶一路視覺藝術展覽"，組織15位來自"一帶一路"沿線國家的知名

家國情匯 香江　復興夢耀 中華

何超瓊籌辦2016年一帶一路視覺藝術展覽

女藝術家的作品在香港展出，並舉辦了多場分享和研討會，引發古今中外的精神交流，同時展現女性於推動經濟發展和文化交流的軟實力，啟發年輕女性投入參與推動國家和港澳的發展。

作為香港婦協女企業家委員會的召集人，我先後組織和率領女企業家代表團到內地訪問及向全國婦聯學習交流，加深香港年輕女性對國家發展和政策的認識。又以中國人口福利基金會理事的身份，參加和支持內地的扶貧公益活動包括在上海舉行的"第四屆'一帶一路'女性論壇"，認真學習國家的扶貧措施，以能進一步為國家發展效力。

我自小熱愛文化藝術，對五千多年的中華文化，更是愛不忍釋，盼望能協助把源遠流長的中華文化精髓發揚光大。因此，一直以來，我竭力運用自己的網絡、資源和優勢，搭建平台，誠能在國家擴大文化領域對外開放、走向世界的過程中，出一分力，增強中華文化在國際間的影響力。透過擔任不同單位的公職，我與國際權威的藝術機構合作，向中外人民介紹各地的文化藝術，更藉以豐富人民對我國文化藝術的鑒賞，鼓勵參與創作，傳播宏揚中華文化，向外展示我國的軟實力。除了策展和辦展外，很榮幸能當上首位羅浮宮博物館的中國大使，讓我長期參與推動該館跟中國及港澳的合作，建立友誼；通過我的人脈網絡和資金籌集，好讓包括"羅浮宮的創想——從皇宮到博物館的八百年"珍品展覽等等得以成功在北京和香港舉辦，希望讓更多的人民能欣賞和吸取各國優秀文明的成果，啟發創新，促進中外文化交流。

結語

國家改革開放40年，也是我人生重要的40年。國門的開啟，帶領我開創人生重要的一頁；為我的個人發展，鋪開鮮明道路，也為我的事業，帶來重大和正面影響。40年一路走來，我很榮幸能見證一個又一個歷史時刻並參與其中；中國社會和經濟發展一日千里、香港和澳門在區域融合發展中找到了自己的策略定位。 跨進新時代，國家"一帶一路"倡議實施和跨境基建項目的不斷推進，粵港澳三地合作迎來新一輪重大發展，我定必不忘初心、牢記使命，繼續與社會各界群策群力，締造機會，搭建平台，培育年輕一代，為特區、為國家作出更大的貢獻，協力推進國家全面深化改革開放，實現中華民族文化偉大復興的 "中國夢"。

參與改革開放的歲月

文/ 周安達源
全國政協常委、香港福建社團聯會榮譽顧問

　　我出生於馬來西亞沙巴州的一個小山莊──安達源村，祖籍福建永春。少年到從福建受教育，直到从廈門大學中文系畢業，畢業後曾當過農墾兵、農民和工人，後來進了教師隊伍，教中專與大專班。

　　1978年，我來到了香港。本以為香港遍地是黃金，憑著自己的學歷，在這座被譽為"東方明珠"的城市裡肯定能如魚得水，但沒想到，初到香港時因語言不通，學歷又不被承認，我從大學講師淪落為打工者。好在，我趕上了改革開放的好時候，又巧遇山西"福地"，才成就了我這40年來精彩豐富的經歷。

試水煤炭貿易

　　我初到香港時，恰逢十一屆三中全會剛剛召開，祖國內地的改革開放大幕徐徐拉開，我們這些華僑子弟都興奮莫名，想做點事。我雖然還在打工，但也學著別人的樣注冊了一家公司，取名"新隆安公司"（因為先父在南洋開的公司叫"隆安公司"，我就加了個"新"字），天天琢磨著公司要做什麼，往哪個方向發展。

1979年4月的一天，我突然接到廈大校友郭道閩的電話，告訴我他參加了"中國高等教育電化教學考察團"，正在香港參觀訪問，讓我去他入住的香港新華社招待所見他。我去探望他時，結識了考察團中一位特別的成員——分管山西省文教工作的副省長王中青。

我和王中青雖是初識，卻一見如故，短短幾天交往中，他提到的一件事留在了我的腦中：山西省的資源很豐富，特別是煤，但很多煤運不出去，堆在一邊，有的甚至在自燃。

上世紀70年代末，正值國際市場上出現能源危機，石油價格狂飆，很多原先燒油的發電廠紛紛改為燒煤，煤碳市場供不應求。王中

■ 1979年10月9日，周安達源首次來到山西，與時任山西省計委主任賈沖之、山西省外貿局局長陳大東合影

青一行人走後大約兩個月，我的一位日本朋友告訴我，有一家韓國公司需要中國的煤，但訂不到，問我能否幫忙拿一些。這時，王中青說過的話立刻從我的腦海中浮現出來，既然山西有煤運不出去、韓國又需要煤，我何不從山西買煤、賣到韓國去？

於是，我立刻給王中青寫信、給山西省外貿局寫信，提出要煤。然而，當時山西省外貿局沒有自營出口權，並不是想賣就可以賣，出口指標需要通過北京的五礦總公司，還需要中央批准，運輸則要通過秦皇島港口走，程式異常複雜。我不想放棄，親自跑去山西、北京，還在山西過了個春節，找各個環節的負責人談。功夫不負有心人，1980年3月10日，我最終成功與北京五礦總公司正式簽訂了5萬噸陽泉煤的出口合同。

對山西來說，這5萬噸煤是新中國成立以來該省第一單自營出口的煤炭；對我個人來說，這是我平生簽訂的第一份商業合同，它不但讓我從此正式踏上經商之路，還讓我成了改革開放以來山西省第一批外商之一。

山西"福地"

在當年全球能源危機的大背景下，慕名來山西談煤炭出口的不下百人，但能做成的寥寥無幾；當時做成的人中，繼續留在山西的只有我一人。曾有一任山西省委書記對我說："小周，我們認同你，是因為你願意為山西做事。不像很多人，蜻蜓點水般來去。"

從這份合同開始，我與山西的緣分一結到底。從那時至今近40年來，我在山西不僅做大宗商品、成套設備的貿易，還辦電子廠、焦炭

1999年，山西大運高速公路通車典禮，大運高速其中一段東山過境線由周安達源與山西合資興建

廠、煤礦，投資高速公路，等等。

其中一件比較重要的事情是在1996年，我投資了山西一條高速公路（山西大運高速公路東山過境線），為此，我從香港調借了3,000多萬美元資金到山西。其實，這個決策在當時看來是存在著一定風險的，畢竟在那之前很少有外商投資國家的基礎設施項目。我敢於做出這個決定，也是因為王中青不止一次對我說過的一句話深深影響著我：“有機會一定來山西，山西的海外關係不是多了，而是少了，我們需要更多的海外關係。”但沒想到的是，我因禍得福，因為把大筆資金調離香港，而避開了1997年亞洲金融風暴的襲擊。

原山西省副省長杜五安曾對我說：“老周，你不一定是最有錢的人，但山西第一單地方煤炭生意、第一單高速公路合資都是你拿下的。你做的都是開創性的大事。山西需要你這樣的人！”其實，何止

家國情匯 香江 — 復興夢耀 中華

是山西需要我，我更需要山西，它是我的"福地"。

如今，中國的快速發展吸引了很多國家前來做貿易，而香港離內地如此之近，可以說是有著得天獨厚的優勢，背靠大樹好乘涼。不過，香港不能有"躺著吃老本"的思維，要積極參與、融入"一帶一路"、粵港澳大灣區等國家頂層設計和規劃，才能夠重新為自己定位，找到新的發展道路。

政協委員生涯

1988年，我被邀請參加山西省政協會議。那一年，中央批准山西與沿海城市一樣，可以允許港澳同胞參加政協組織，於是我便成了山西歷史上第一批港澳委員之一，這意味著地方政府對我們的認同，是一種很大的榮譽。

山西每一年的政協會議，我都會準時來到太原，放下一切業務，認真聽、認真學，主動結識各界別的委員，了解他們的想法，並在小組討論會上積極發言。我至今還保留著在山西省政協六屆一次會議上第一次發言的手稿。

20世紀80年代末90年代初，山西政協會議的氣氛非常活躍，當時由於沿海省份日新月異的發展，山西經濟在全國的排名一直往下掉，大家求新求變的呼聲很高。而我作為香港委員，常在發言時力推市場經濟，對山西如何發展外向型經濟建言獻策。每次我發言之後，總有一群委員圍著我探討，或囑我做些對外聯絡事宜，《山西日報》、山西電視台等媒體也經常采訪我。現在想起當年的氛圍，我仍然覺得激動不已。

到了1998年，我又被山西省推薦並順利出任第九屆全國政協委員。這件事對當時的我來說意義重大，因為從此我能將自己的知識和見解貢獻給國家、民族，是一件讓人無比自豪的事情，也只有這時候，你才會真正明白什麼是"大我"、什麼是"小我"。屈指一算，到今我已連任了九屆、十屆、十一屆、十二屆、十三屆共五屆的全國政協委員，我要感謝山西對我的栽培。

社團的歲月

除了做生意、當好政協委員之外，改革開放40年來，我的一項工作就是參與香港福建社團的活動。在我們老一輩華僑中，他們通常把自己的生意叫"頭路"（即"謀生"、"養家糊口"的意思），把參與當地華僑圈子的社團活動和支援家鄉建設的舉措叫"事業"。我到香港之後，正是香港福建社團迅猛發展之時。1983年我參與了香港三明聯會的創辦，1997年，我參與了香港福建社團聯會的籌建，想想都已經有了二三十年的歷史了。

尤其是2009年開始，我出任香港福建社團聯會副主席兼秘書長之後，我連任了四屆，前後達9年的時間。這段幾乎是脫產的經歷，讓我深深感到在"一國兩制"條件下，群眾工作應如何做，這絕對是一個嶄新的課題。這其中，我體會最深的有以下的幾點：第一，多好的鄉親。他們既是改革開放的參與者，又是改革開放的受益者，他們對國家、對家鄉的熱愛，都是發自內心的感受——從過去背著大包小包回去，到現在扛著土產特產出來，家國的巨變都是看得見、摸得著的。第二，對社團領袖而言，如何把鄉親的這種樸素的愛國主義感情，逐步提升為自覺的愛國主義行動，並且與時俱進，這就是社團轉型升級的必經之路。第三，在把"一國兩制"偉大構想變為"一國兩制"偉大實踐中，關鍵在於一種使命感，很多鄉親都已經從旅居香港的匆匆過客，不知不覺在參與社會事務工作中，把自己變成了香港特別行政區的主人。這種身份的轉變，其從內心迸發出來的政治熱情，是驚人的，也讓整個社會充滿了正能量。

親歷香港中銀集團改革開放40年

文/ 林廣兆
原全國人大代表、兩岸和平發展聯合總會會長
中銀國際控股有限公司副董事長

　　光陰荏苒，一轉眼改革開放已經40周年。始於1978年的中國改革開放，不僅改寫了中國歷史，也可以說是世界現代史上最偉大的成就之一。40年改革開放，使中國經濟得以持續高速增長，成為世界第二大經濟體、第一大貿易國。與此同時，中國金融業也發生了翻天覆地的變化，展示出令全球矚目的廣闊發展前景。儘管國內外人士對這段歷史有著濃厚的興趣，但對其具體過程，可能還是缺乏詳盡了解。作為一名中銀集團派駐香港近60年的員工，我不僅親歷和見證了香港中銀集團改革開放的全過程，更有幸參與其中。這對我來說，真是一份難得的殊榮。

投建大型基礎設施　助力內地改革開放

　　1952年我18歲時開始進入銀行業，至今已從事銀行工作66年。上世

紀60年代初，香港經濟開始起飛，收入提升、人口激增、物業交投旺盛，銀行業發展迅猛。中國銀行港澳管理處需要一批懂閩粵方言、可以服務海外僑胞和港澳同胞的年輕從業人員，我有幸被選拔到香港工作。可以說，我的職業生涯不僅見證了香港半個多世紀的滄桑巨變，也見證了祖國改革開放40年來的飛速發展。

　　改革開放前的中國銀行，是一家擔負著國家外貿和外匯業務的專業銀行。當時香港中銀集團13家銀行成員，主要為香港和海外僑胞提供存款和借貸服務，業務較為單一，每年將盈利上交北京總管理處。

　　1978年，得益於中國改革開放政策，香港中銀集團首先解放了思想，本著以客為本、扎根於斯、服務於斯的宗旨，乘著改革開放的東

　1982年1月9日，南洋商業銀行深圳分行隆重開業（第一排從左到右依次為：時任深圳市委副書記周鼎、時任中銀集團港處總稽核蔣文桂、時任中國人民銀行副行長尚明、時任深圳市委書記梁湘、時任廣東省政協主席吳南生、中銀集團港處原總稽核李聘周、時任南洋商業銀行董事長莊世平）

風，新事新辦，把盈利的大部分用於支持本港工商業、促進香港與內地經貿往來，成為內地改革開放引進資金、人才、技術和管理的橋樑。

早在1982年1月9日，中銀集團南洋商業銀行就在深圳經濟特區設立分行，成為首家批准在內地開業的外資銀行。在創辦人暨時任董事長莊世平的帶領下，南商率先引進香港投資客戶，開展抵押放款、押匯業務，促進了深圳經濟特區進出口貿易和房地產發展，帶動了國有商業銀行改革，也為進一步引進外資銀行積累了寶貴經驗。此後，為配合國家改革開放部署，港澳中銀集團下屬行相繼進入經濟特區經營，包括廣東省銀行、寶生銀行、新華銀行（深圳）、僑商銀行（汕頭）、集友銀行（廈門），並逐步將分行擴大到廣州、上海、青島等沿海開放城市。

基於對國家改革開放政策的信心，以及對內地發展實體經濟的支持，在當時香港與內地金融政策尚未完全互通的情況下，我在香港中銀集團港澳管理處業務部負責信貸業務期間，積極穩妥地推動所屬各行開展內地業務，有選擇有條件地支援內地地方政府經濟建設，幫助他們修路、造橋、辦電廠、築碼頭、建設港口和涉外賓館等，改善基礎設施，發展實體經濟，進而促進就業，提高人民生活水平。

當時我想，支持改革開放，我們要敢為人先。貸款給內地也是支持國家建設。而且，如果不投資融資給內地政府和企業建設這些大型基礎設施、改善投資環境，外商便無法在當地投資興業，招商引資也將成為一紙空談。

在這一思想指導下，香港中銀集團充分發揮自身優勢，積極承擔投融資重任，為國家改革開放重點行業和重大基建項目提供了充足資金。僅上世紀80年代，最高峰時曾面向內地融資、投資達2,500多個項

1994年5月2日，中國銀行發行港幣鈔票慶典。前排從左至右為時任金管局總裁任志剛、時任中國人民銀行副行長陳元、時任中國銀行董事長王啟人、時任中銀集團港澳管理處主任黃滌岩、時任港中行總經理周振興

目，累計貸款150多億美元，對當時內地一些城市，特別是廣東福建等地的大型基礎建設和實體經濟發展，起到了強有力的推動和支撐作用，促使其成為中國改革開放最成功的試驗田之一。

改革開放初期，港台用"三來一補"方式到內地加工出口商品，而且大部分集中在珠江三角洲，由於來勢較猛，引起交通緊張電力短缺。為此，中銀集團原港澳管理處黃滌岩主任多次赴廣東省考察訪問，領導中銀集團雙管齊下：一方面積極支援赴內地投資的港台商人的資金需求，一方面大力協助內地加快交通電力建設。為應急需求，我們在短時間內就支持珠江三角洲各地購建50多套中小型柴油發電設備，同時和港商合和集團合作，在沙角以"BOT"方式投資興建兩座30萬千瓦的大型電廠，建成經營十年後，無償交給廣東省。

統計資料顯示，1979-1992年，中國銀行通過"三貸"（外國政府貸款、政府混合貸款和買方信貸）、商業貸款和發行國際債券共籌措資金168.4億美元，佔同期國家實際利用外資的88%，是同期外商直接投資額的1.5倍，成為國家對外籌資主渠道。香港中銀集團對此作出

1996年1月，中銀擔任安排行和包銷行，向香港機場管理局提供82億港元銀團貸款，參與融資興建香港新機場

了重大貢獻。

同時，港澳中銀集團還大力支持香港基礎設施建設，先後為港九地下鐵路、九廣鐵路、東區海底隧道、葵涌貨柜碼頭、大老山隧道、遠洋航運、三號幹線、發電廠、香港國際機場等大型項目提供大額貸款。支持香港經濟持續增長，為改善民生、安定社會、穩定信心提供堅實基礎。

白手起家迎頭趕上　　建中國第一家投行

1979年，中國銀行在港成立中國建設財務（香港）有限公司（"中建財"），這是中國第一家投資銀行——中銀國際的前身。

中建財成立後，積極投身國家改革開放與經濟建設，協助內地企業通過境外資本市場融通資金、加快發展、做大做強。不僅成為1993年第一家H股上市項目（青島啤酒）的獨家保薦人和主承銷商，同時還是第一家參與境外債券發行、參與中國主權債券境外發行、擔任境外

家國情匯 香江 復興夢耀中華

債券發行主承銷商的中資投行，成功完成了諸多里程碑項目。建基於中建財的中銀國際成為中國銀行集團的投資銀行平台，提供包括股票及債券發行、財務顧問、兼併收購、杠杆及結構融資、證券及衍生產品銷售、環球商品、私人銀行、股權投資、資產管理、投資研究等在內的全方位投資銀行產品與服務。

截至2017年末，中銀國際累計完成1,200億美元的收購與兼併融資，3,500億美元的債券融資，2,300億美元的股本融資，為國家推進改革開放、"一帶一路"建設、人民幣國際化、中國企業"走出去"和發展實體經濟提供全方位金融服務。中銀國際多年來在香港IPO市場保持領先地位，2018年10月24日，中銀國際協助青島海爾股份有限公司（"青島海爾"）成為第一家D股上市公司。中銀國際還是香港股票交易市場排名領先的證券零售券商，參與發行了歐洲市場上第一支以上證50為標的、採用人民幣計價並交易的ETF產品。中銀國際近年來大力拓展環球商品業務，成為首家同時擁有芝加哥商品交易所、倫敦金屬交

2001年10月23日，在中銀香港成立酒會上，時任香港特首董建華與時任中國銀行董事長劉明康共同主持亮燈儀式

易所和洲際交易所清算會員資格的中資金融機構。

八年籌建中銀大廈　鑄造港人精神象徵

非常值得回憶的是，在此期間，象徵基礎鞏固、信孚中外的香港中銀大廈，歷經8年籌建，終於拔地而起，屹立在維多利亞港之濱，成了香港新地標。這座舉世矚目的摩天大樓由巴黎羅浮宮玻璃金字塔設計者、著名美籍華人建築師貝聿銘所設計。非常湊巧的是，生於1917年的貝聿銘不僅與香港中國銀行同歲，其父貝祖詒，也是一位舉足輕重的銀行家，曾任中國銀行香港分行首任經理、中國銀行總處業務部主任，還是中銀外匯業務的開創者之一。

藉助中國改革開放的春風，1982年，中銀大廈獲中國銀行總行批准籌建。當時中英兩國正在進行有關香港前途問題的談判，中銀大廈的建造，不僅僅是要樹立香港中銀集團的形象以及對香港前景的信心，另一層意義是要讓港人增強對香港回歸的期盼和信心。

經多次協商，港府將位於最繁華的中心商業地帶港島中環佔地近8萬平方呎的美利樓原址，作價11億港元售予中國銀行。在寸土寸金的中環地段，貝聿銘為中銀大廈的設計意念，是仿照生機勃發的雨後春筍，向空中節節攀升，象徵力量、生機、茁壯以及銳意進取的精神，意喻香港中銀蓬勃盎然、事業興旺；基座的麻石外牆代表長城，寓意中國。獨特的外型設計讓中銀大廈成為香港最矚目的地標之一，香港發行的郵票、明信片等，亦常以其為背景。

1990年中銀大廈落成之際，刷新了亞洲最高建築物記錄。現時仍為香港具有獨特風格的地標性建築物，其高度僅次於環球貿易廣場、

家國情匯 香江 — 復興夢耀 中華

國際金融中心和中環廣場。然而，即便是後來有更多更高的新摩天大樓落成，對港人而言，中銀大廈早已是心中屹立不倒的精神象徵，而不僅僅只是港幣鈔票上的一幅圖案。

晉香港三大發鈔行　　聯手抵禦金融風暴

中銀大廈自落成以來，一直是無數知名金融機構夢寐以求的辦公選址。在此，曾經演繹了許多鮮為人知的金融界故事，包括香港中銀獲得港幣發鈔權，以及與金管局聯手痛擊國際金融大鱷等等。

1982年，中國與英國政府就香港回歸問題開始談判，與此同時，香港中銀集團化解了80年代的港元匯價危機、股災、銀行擠提等等事件，地位直線上升。當時香港中銀作為香港第二大銀行集團，植根並服務香港70多年，在過渡時期如果能夠參與發鈔，對穩定人心以及穩定香港金融市場都具有好處。因此，1993年4月，國務院批准中國銀行修改章程，允許"在港澳地區的分行依據當地法令可發行或參與代理發行當地貨幣"。同年7月，香港立法局通過法案，承認中國銀行香港分行發鈔合法性。1994年5月，中國銀行正式發行港幣，成為香港三大發鈔行之一。

1997年香港回歸第2天，由於受亞洲金融風暴波及，香港金融亦開始受到衝擊。好在1997年7月1日香港回歸當日，中央政府已將淨值1,971億港元的土地基金移交給特區政府，此舉大大增強了香港的外匯和財政儲備。在香港抵禦金融風暴的整個過程中，中央政府給予了大力支持，始終堅持人民幣不貶值。在與國際炒家生死決戰的關鍵時刻，香港特區政府與香港中銀集團等機構高層，共商防禦國際大鱷對外匯和股市的衝擊對策，香港中資機構亦全力以赴支持特區政府護盤行動，成為香港戰勝金融風暴襲擊的堅強後盾。

我至今仍清晰記得當時的情景：香港中銀集團數十名外匯操盤手執行指令，不分晝夜，輪流在國際滙市上與炒家交鋒，緊張局勢可想而知。關鍵時刻，中資及本地資金入市，24家藍籌、紅籌上市公司從市場回購股份，推動大市上揚。加上中國內地減息等利好消息，香港股市開始強勁反彈，港元匯價也隨即恢復穩定，最後終於迫使國際大鱷倉惶出逃。應該說，在1995-1998年的整個亞洲金融危機中，唯一頂住國際資本大鱷進攻而沒有經濟崩潰的，就只有回歸後的香港了。

在這種情況下，為了顧全大局，香港中銀集團對受金融風暴影響、資金短缺的殷實企業，本著"同舟共濟"精神，給予放水養魚，通過增加貸款或貸款重組等方式，為短期資金短拙的企業排憂解難。對於"下雨收傘"的銀行業來說，香港中銀集團此舉可謂是"雪中送炭"，收穫了市場和人心，亦得到時任香港特首董建華嘉讚："中銀為香港做了一件非常好的事情。"

重組上市譜寫新章　開創銀行體改先河

香港回歸祖國後，為更好發揮集團優勢，支持香港經濟發展和國家對外開放，1998年，中國銀行啟動了重組香港中銀集團的計劃。2001年10月1日，中銀香港合併了原中銀集團十二家銀行中十家銀行的業務，成立了中國銀行（香港）有限公司（簡稱"中銀香港"），並持有南洋商業銀行、集友銀行和中銀信用卡（國際）有限公司股份，這是香港銀行史上最大規模的合併。

截至2001年底，重組合併後的中銀香港員工總數達13,428人，資產總額為7,661億（港元，下同），存款和放款分別為6,064億和3,230億，在香港銀行業位居第二，為中國銀行在香港的發展掀開新的一頁。2002年7月25日，中銀香港（股票編號2388）在港交所掛牌上市。

中銀香港的重組上市不僅為國有金融企業利用海外市場融資敲開了大門，還擔當了國有商業銀行體制改革的先驅，為中國民族金融資本與其他資本在世界金融舞台上同台競技揭開了序幕。

迎新一輪改革開放　築"一帶一路"金融通道

香港中銀集團自設立之初，就堅持立足港澳、背靠祖國、面向海外的發展戰略，積極支持國家經濟建設，為中華民族偉大復興作出貢獻。香港中銀集團在各個歷史時期都發揮了重要作用。從1917年中國銀行在香港設立分號至今，特別是改革開放40年來，不但經過重組合併成立中國銀行（香港）有限公司（"中銀香港"），更已發展成為香港主要商業銀行集團、三家發鈔行之一、最大上市公司之一和唯一人民幣清算行，擁有全港最龐大的分行網絡及多元化和高效的電子管道，在職員工逾1.3萬人，不僅在香港經濟發展中發揮舉足輕重的作用，也為中國金融改革及香港社會繁榮穩定作出了重要貢獻。香港中銀集團百年歷史深刻證明，積極履行社會責任、服務國計民生，才是銀行業最大的價值。

從2015年開始，按照總行全球發展戰略，中銀香港通過收購母行中國銀行東南亞機構，把香港的先進管理理念、優秀人才隊伍、成熟金融產品、專業技術水準和高端服務優勢延伸輻射至東南亞國家。充分發揮中銀香港作為海外最大人民幣清算行優勢，從營銷拓展、項目分析、授信發起等方面推動海外重大項目實施，服務國家"一帶一路"倡議和企業"走出去"戰略，努力打造中國銀行東南亞區域總部和海外旗艦。

2017年香港回歸祖國20周年之際，中銀香港也迎來了百年華誕。全國政協副主席董建華先生、全國政協副主席梁振英先生、特區行政長官林鄭月娥女士，以及時任中央人民政府駐港聯絡辦公室主任張曉明先生等，悉數出席慶祝大會。我個人也因服務香港中銀集團超過50年時間，很榮幸獲得時任中銀集團董事長田國立先生頒發"百年中行長期服務獎"。

慶祝大會上，全國政協副主席梁振英先生發表講話，盛讚香港中銀集團在特區政府成立前15年過渡期以及成立20年來為香港所作出的獨特而巨大的貢獻。香港特別行政區行政長官林鄭月娥女士亦發表致

2017年9月和發會在會展中心舉行"兩岸一家親，共圓中國夢——兩岸交流三十周年紀念大會"，全國政協主席董建華（右二）、香港特區政府行政長官林鄭月娥（左二）親臨主禮

辭，希望中銀香港繼續把握歷史機遇，為國家和香港發展帶來更大貢獻。中央人民政府駐港聯絡辦公室副主任仇鴻女士則表示："香港中銀集團的百年歷程，是近現代民族金融業變革圖強、不斷壯大的縮影，也是中資企業植根香港、建設香港的光輝寫照。"

2018年11月12日，中國銀行駐港機構代表中銀香港高迎欣總裁、中國銀行(香港)信託有限公司吳亮星董事長、中銀香港營運部榮休員工莊耀華（南洋商業銀行創始人莊世平之女）和我，作為香港各界慶祝國家改革開放40周年訪問團成員，在北京受到習近平主席的親切接見。習主席肯定了港澳同胞在改革開放中所作出的重大貢獻，並提出了四點希望：更加積極主動助力國家全面開放；更加積極主動融入國家發展大局；更加積極主動參與國家治理實踐；更加積極主動促進國際人文交流。有幸作為中國銀行駐港機構代表參加訪問團，我深感自豪和鼓舞的同時，也更加感受到了使命和責任。

中國銀行在改革開放進程中作出的貢獻有目共睹，在國家新一輪改革開放中也必將繼續發揮自身優勢，融入國家發展大局。如今，國家"一帶一路"倡議和粵港澳大灣區建設為我們提供了前所未有的機遇。早在2018年初中國銀行工作會議上，陳四清董事長就提出了"堅持科技引領、創新驅動、轉型求實、變革圖強，把中國銀行建設成為新時代全球一流銀行"的戰略目標，並根據香港的優勢和中銀香港的特點，將中銀香港定位為全功能的國際化區域性銀行。

未來，中國銀行駐港機構將緊緊圍繞母行戰略部署，牢牢把握新機遇，繼續發揚愛國愛港的優良傳統，秉承追求卓越的企業精神，把各項事業做強做優做大，為中國銀行建設新時代全球一流銀行，為香港長期繁榮穩定不斷作出新貢獻。

改革開放憶往事

文/ 林樹哲

原全國政協常委、香港福建社團聯會榮譽顧問、南益集團董事總經理

改革開放初期回鄉投資

雖然時間過去快40年了，但我依然清晰地記得1980年冬天那次南益董事會開會的情景。

與會者面前擺著幾頁報表和幾張剪報。但顯然大家的關注並不在報表上。1979年，我和楊連嘉、徐偉福應呂振萬先生邀請，成為南益織造這家已有17年歷史的公司的新股東，我們三人正式全盤接手的這一年多來，可以說企業面貌已經完全改觀，月月捷報頻傳，報表上的數字，董事們早已心中有數。反倒是對那幾張剪報，大家的興趣更濃。因為香港地價、租金、薪資節節攀升，製造業被迫外遷的新聞報道不絕於報端，以致成為工廠東主們見面的熱門話題。此次董事會討論的焦點，也集中在"南益織造怎麼辦"上面。

南益織造算不上業內最大的公司，但擴張的勢頭已經很明顯，繼

續留在香港，顯然深受束縛，成長空間必然受限。那麼往哪裡去？一個選擇是南下，到印尼、馬來西亞、新加坡這些國家去，另一個選擇是北上，回到內地家鄉。南洋並非陌生的地方，早年閩南人外出謀生，目的地都是南洋各埠，到香港其實只不過是過境而已，況且呂振萬先生的建南行也曾有工廠在印尼和新加坡。內地家鄉則是大家的"烏籃血跡"，我們都生於斯長於斯，從感情和了解程度來講，南洋當然無法與之相比，心裡也有回家鄉創業的念頭。但當時內地的環境，讓許多人仍然心有餘悸，無法放心。也就是說，在當時的香港社會，還不能消除這樣的擔心：這幾年開始的改革開放會持續嗎？過幾年會不會又來走階級鬥爭的回頭路？

我認為，這樣的擔心是沒有必要的。十一屆三中全會之後，思想、政治、經濟、社會層面改革開放的措施一個接一個，其中許多都是不可逆轉的。我是"文化大革命"後從內地出來的，我知道內地同胞經歷折騰后人心思定、人心思治，我也相信社會有其固有的慣性和邏輯，改革開放一旦開啟之後，就會按照強大的自身邏輯走下去。幾位董事都贊同我的觀點，一致決定：往北走，回到內地，回到家鄉去！大家還談到：兩年來中國的變化太快了，如果要回去，那麼一定要快，搶占先機！呂振萬先生也"聊發少年狂"，興奮地說："要回去。我送十二個字：舉大旗，擂大鼓，走大道，創大業。"大家聽了都一齊給他拍手叫好。

那天的董事會開得時間很長。我們走出公司的時候，觀塘的大街已經華燈璀璨。我覺得心裡也充滿了光明，輕鬆而踏實。幾天之後，我跨過了羅湖橋，到家鄉探索辦廠道路。1981年春，南益集團回到了我的家鄉南安。

南益集團的發展反映出改革開放的成功

　　南安縣為南益選擇的合作對象是二輕局下屬的官橋農械廠。1981年3月，我們租用一個800平方米的鑄鍋舊車間創辦了南豐針織廠，加工生產羊毛衣。當時中外合作的主要方式是"三來一補"，即外方來料來樣加工、來件裝配，補償貿易。香港南益提供原料、樣板、設備、資金和海外市場，派出技術人員指導，在這個合作廠裡組織生產，產品銷售得到的利潤補償外方投入後雙方再按合同分配。

　　第一期雖然只引進區區115台織機，150名工人，但發展十分順利。第二年底，又租用了官橋化工廠一棟廠房作為第二車間，裝機500台。1984年3月，我們購買了20畝土地自建南豐新廠，裝機850台，工人近千名。1985年創辦南華織造廠，1986年創辦南泉製衣廠、莆田南興針織

　　林樹哲巡視工廠，在製衣車間內指導工作

廠，1988年創辦南安南晶公司，1990年開發南安蟠龍工業區，1991年創辦南星機械公司，1992年創辦南華公司、南發公司，等等。到現在，南益集團旗下已經擁有工業和地產兩個子集團，公司數十家。

　　說這些，我毫無自詡之意。事實上，改革開放以來，成功的企業燦如星斗，南益集團如果能夠忝陪末座就已經十分榮幸了。我要說的是，南益集團的發展，可以反映出國家改革開放的偉大成功。毫無疑問，40年來中國經濟發展的奇跡，來源於改革開放令中國生產力的解放和與世界經濟的接軌。我能夠作為這一歷史進程的一個親歷者、參與者，實在三生有幸。

"我們處在能圓夢的時代"

　　改革開放是一場自上而下推動的偉大的解放運動。邁向新時代的大門雖然已經打開，但計劃經濟時代遺留下來的舊體制、舊政策、舊習慣仍然大量堆積，阻礙著前進的步伐。怎樣清除舊障礙，建立新體制，從中央到地方，各級黨委政府都在"摸著石頭過河"，都在設法解決問題。各級幹部所體現出來的責任心和創造性，現在想來，還讓人敬佩不已。

　　我們和官橋農械廠合作不久，就碰到一個大麻煩：勞動紀律渙散。當時"大鍋飯""鐵飯碗""出工不出力"這些觀念流毒尚深，工人難以管理，生產備受影響。南安二輕局作為中方主管局和我們一樣著急。局長陳台振親自帶著廠支部書記郭厥龜、廠長陳金鍛到深圳與我們商討解決辦法。那時泉州與深圳之間沒有飛機，沒有火車，沒有高速公路，一行人坐著咔咔作響的客車，顛簸了21小時才到深圳。

■ 林樹哲工作照

面對問題他們態度誠懇，是非分明，不掩蓋、不護短、不推托，堅決支持我們建章立制，主動承擔整頓責任。整頓開始後，一些工人糾集起來圍攻廠領導，南安縣公安局及時介入，整頓得以順利完成，奠定了南豐順利發展的基礎。

1986年，南安外經局與另一家港商合作的一家針織廠由於體制問題面臨停產，縣委縣政府研究解決辦法，主動地建議由南益承包經營，以消除體制上的障礙。這也開了國企改革的先河。放在今天這不算什麼新聞，但在當時，卻是不可思議、冒著極大政治風險的事情。

1989年6月，一場風波使泉州地區糧價一夜之間從0.85元飛升到將近2.00元，一時謠言四起，南益集團各廠一萬多名工人連夜排隊搶購餐券，騷亂一觸即發。我剛好在工廠，連夜趕到余縣長宿舍求援。其時已過午夜，余縣長緊急和劉書記等商量，當即調撥10萬斤平價糧食支持南益，並且向工人說明不要信謠，危機才得以逐漸解除。

如果要用一句話來概括改革開放初期那個年代的特點，我想說，那真是一個有夢能圓的時代！

　　今天是昨天的延續，中國的改革開放還在不斷深入。在習主席的帶領下，我們又開啟新的征程，這又是一個美好的中國夢。這個夢，我們也一定能實現。

改革春風遍地吹　文化交流最蔚然

文/ 施子清
原全國政協委員、香港福建社團聯會永遠名譽會長
香港恆通資源集團有限公司主席

　　2018年，中國迎來改革開放40周年。40年砥礪奮進，40年眾志成城，迎來了今天輝煌的成就。在中央正確領導下，40年來億萬人民書寫了國家和民族發展的壯麗史詩，開闢了中國特色社會主義道路。輝煌的成就和生動的實踐，印證了改革開放是堅持和發展中國特色社會主義、實現中華民族偉大復興的必由之路。

改革春風吹　內地欣向榮

　　我1939年出生於福建晉江，父輩及祖輩均為旅居菲律賓的華僑。母親帶著孩子留在家鄉，生活全憑海外親人僑匯接濟。上世紀50年代，東南亞屢發排華事件，很多閩粵華僑選擇移居香港，大量南洋外幣也在那個時候通過不同渠道進入香港，香港經濟得以快速發展。當時恰逢國家有惠僑政策，允許家族中的南洋華僑或港澳僑胞的直系家族成

員，申請到港澳探親。剛好當時叔父從菲律賓來信要我去幫忙做生意，我便於1957年隻身來到香港，準備由港轉赴菲律賓。誰料風雲變幻，到港后遲遲無法取得菲律賓簽證，只好留在香港。這一留，至今已是60年有餘。

剛到香港時人地生疏沒工作，之後才在一間小學謀得一份教師職位。當時我看到香港人對教育非常重視，早上經常看到父母親自帶孩子上學，管接管送。對孩子成績也很關心，經常送他們去補習，想方設法提高學習成績。於是便萌生了自己創辦學校的想法。

1960年，我創辦了集美僑校，主要招收閩籍鄉親子弟。剛開始時學生還不到19人，我自己一人身兼校長、班主任、教師等職。經過不斷努力，集美僑校聲名漸起。到60年代中期學生人數已達600餘人，教師也

1994年11月，時任新華社香港分社社長周南先生（右）
為施子清頒發港事顧問聘書

有30人，還是當年香港為數不多的每逢"十一"國慶必掛國旗的學校。在此期間，我一邊堅持教學工作，一邊堅持課餘進修，先後就讀香港聯合書院中文系及菁華中醫學院，取得學士學位及中醫全科文憑證書。

後來由於港府對辦學及師資作出嚴格規定，我們便將學生安排到其他師資符合規定的學校就讀，集美僑校於1969年宣告解散。學校結束後，憑著之前在菁華中醫學校習得的中醫藥知識，我和朋友在北角開了一間小型中西藥房，並開始陸陸續續做些小生意，比如食品貿易、布料貿易等，還辦過五金廠和錶殼製造廠，但都因經驗不足而難以為繼。

1976年，我創辦恆通貿易公司，做進出口業務，事業開始有了轉機。不久，內地迎來了改革開放。似乎只是一夜之間，改革開放春風便吹遍了大江南北。特別是閩粵兩地，1980年國家批准成立深圳、廈門、珠海、汕頭四大經濟特區後，香港人充滿了希望。我也意識到，這是極好的發展時機，應該回內地考察，尋找機會。我發現當時內地生活水平正在逐步改善，穿著需求亦是日漸提高。但紡織業卻並不發達，新興紡織品比如化纖原料等，供應更是嚴重不足。

看準了這點，恆通貿易公司將經營方向轉向與內地做紡織品進出口貿易，兼做棉花和糧食等緊缺資料貿易。此後十多年公司業務一路上升。

1985年，恆通開始進軍紡織業。首先是與華潤紡織品進出口公司合作，在上海創辦華通毛紡廠，引進意大利設備，1988年正式投產。次年又斥資100萬美元在內蒙古赤峰創辦毛紡針織廠。往後數年，恆通在內地又展開了一系列投資行動：在家鄉泉州投建了大通毛紡廠、華通石業公司、運通興業公司華東板材廠等；在江蘇無錫興辦恆通系列紡織工業，包括兩家毛紡廠，兩家腈綸梳條廠，一家滌綸絲廠，一家織襪廠，一家四色印刷包裝廠等，總投資高達數億港元之巨。

應該說，改革開放後的內地市場，使恆通公司"英雄有了用武之地"，事業發展迅速。1986年，恆通貿易公司另立為恆通資源集團有限公司，下屬有恆通紡織、恆通資源等20餘家海內外公司及多家企業，成了香港紡織業界享有盛譽的集團公司。

1989年，恆通集團擴展至房地產及基礎設施建設等領域，在家鄉投資開發了佔地420畝的泉州成州工業區，在晉江亦開發了"晉南工業開發區"，又與台商合作在南安市建立"雄獅高科技開發區"。如今，泉州成州工業區已進駐上百家企業，成為泉州經濟發展的生力軍。恆通集團的房地產項目也廣布於廈門、泉州、晉江、無錫、上海以及廣西等地。同一時期，投資自建的恆通資源中心，亦在香港拔地而起。

文化促交流　潤物細無聲

1993年，我榮任第八屆全國政協委員。20年間，連任四屆全國政協委員，期間五年還兼任全國工商聯副主席。幾度北上，我感到了中國內地湧動的發展潛力和浪潮。在政協會議上參與諮詢、討論九五計劃及2010年遠景規劃後，我對祖國發展更具信心。恆通集團在內地的投資也開始轉向了橋樑、隧道、國道公路等基礎設施項目。1994年，我在徐四民先生邀請下，注資香港著名文化機構——鏡報文化企業有限公司，出任董事長，並使《鏡報》期刊成功開拓了內地市場。

1994年4月，我有幸被國家港澳辦和新華社香港分社（中央人民政府駐港聯絡辦公室前身）聯合聘為港事顧問。當時香港正處於後過渡期，社會上常有不同的聲音。但在各類諮詢與討論中，都得到了共識。從1984年中英就香港問題發表聯合聲明，到1997年香港順利回歸祖國的13年間，我發表了170多篇政見和提案，就香港平穩過渡和內地改革開放中出現的問題，以及如何促進海峽兩岸暨香港地區經濟、文化交流等問題直抒胸臆，表達意見，展示自己對香港、對家鄉、對祖國的一片赤子情懷。我非常明白，改革開放後的中國富強了，香港的繁榮穩定有了基礎和保障。我對香港未來充滿信心。

在內地營商及參政議政的一些切身體驗中，我意識到，文化事業和經貿往來可以加強香港與內地的互動和了解，有助於平穩過渡。於是，我逐漸將商業板塊交付下一代，將自己精力放在關心海峽兩岸暨香港地區文化交流工作上，亦取得了碩果。

■ 施子清與國學大師饒宗頤先生（左）、著名嶺南畫派傳人楊善深先生（中）合影

家國情匯 香江 — 復興夢耀 中華

我自小酷愛書法，熱愛詩詞。往後數十年，不論是教學還是經商，都念念不忘詩書，堅持筆墨耕耘。直至今日個人書法作品達到5,000件以上，詩詞、書法、散文、政論等專著達13部之多。 1988年，我在香港創立了香港福建書畫研究會，至今30年歷史，人才輩出。1991年，以寫自己詩文及先賢文章為主的書法集《子清墨趣》出版，受到香江文化界一致好評。1993年在上海舉辦了書法作品展，其中有費時多年的精心之作──行草長卷《後赤壁賦》，受到滬港書法界元老讚頌，認為這幅長達九米的作品"氣勢磅礡，大家風範"。之後又陸陸續續出版了一些書法及詩詞散文集，如《施子清翰墨》、《書法經緯》、《詩詞拔萃》、《雪香集》、《雪香詩鈔》以及政論專著《子清芻議》等。尤其是2013年北京故宮出版社出版的《施子清書法精品集》問世，可以說是集本人書法精華之大成的一部專著，獲得中外書法界一致好評，影響深遠。

2012年，我成立中國書協會香港分會並擔任主席，多次組織香港書畫界同仁與其他來自海峽兩岸暨香港地區的書畫名家舉辦"兩岸三地名家書畫展"，作品先后在香港、台灣、北京等地巡迴展出，受到各界好評。此外還成功舉薦了24名香港書法家和書法愛好者成為中國書法協會會員，受到中國文聯和中國書協的高度肯定。

除書法詩文外，我亦熱心促進海峽兩岸暨港澳地區交流。作為80年代末和90年代初的香港籃球協會會長，我組織過多場海峽兩岸暨港澳地區的體育交流活動。1988年我安排海峽兩岸女籃首度在香港碰面比賽，開創了兩岸體育交流之先河，建立了兩岸由隔絕走向交流的新局面。之後更是全情投入，竭盡全力為促進兩岸溝通交流四處奔波，穿針引線，為祖國和平統一事業作出了應有貢獻，也受到國家領導人的肯定和接見。1992年8月，我和內子在人民大會堂和中南海受到江澤民總書記和楊尚昆主席等的親切接見。

一門五政協　　上陣父子兵

　　從身無分文來到香港，到赤手空拳辦學經商，再到打造恆通商業版圖，以及後來專注促進海峽兩岸暨港澳地區文化交流活動等，我與回歸前後的香港已共度了幾十個春秋，期間更是親身經歷和見證了中國改革開放40年來翻天覆地的變化。我由衷讚歎：改革開放真是決定中國命運的最關鍵一招。

　　回憶往昔創業歲月，有時也不由感慨經商不易。好在一家人團結一致，同心協力，再大的困難也能面對和克服，這才是最重要的。所謂的"上陣父子兵"，這點施家還是做的很不錯的。我給四個兒子分別取名為榮怡、榮懷、榮恆、榮忻，就是希望他們：懷有恆心，幹出一番欣欣向榮的事業。早年創立和發展恆通時，靠的就是我和他們兄弟幾個的攜手打拼。兩代人一起白手起家、齊心協力，從給我做幫手再到各自獨當一面，他們一路成長，目前已各自掌管著家族中的地產、投資、貿易、證券等支柱產業，各司其職緊密協作，團結一致不分彼此。

　　1997年回歸前夕，香港曾經刮起了一陣移民風。當時如果要移民，對我們施家來說也是一件輕而易舉的事，於是我召集全家議論移民事宜。會上我第一個表態："首先，我自己不會移民，會繼續留在香港，因為香港是我的家。但如果你們要移民，我也不會反對和阻攔，並且每人還可以帶走一份家產。"結果，幾兄弟幾乎異口同聲說不移民，都選擇留在香港，留在老爸身邊。

更值得慶幸的是，在家族愛國愛港氛圍薰陶下，如今四個兒子也都成長為愛國愛港的企業家和社會精英，不僅把誠信、正氣、謙和、低調的家族風格貫穿到為人處事的每一個細節裡，更將愛國愛港理念融入到企業經營中，令我感到十分欣慰。繼我之後，四個兒子都相繼加入政協隊伍，還有兩個獲得太平紳士榮譽、一個獲得銅紫荊星章，在香港被譽為"施門五父子，全家皆政協"，成為商界佳話。

長子施榮怡現任河南省政協常委、中華總商會常務會董，青年時代即隨我將集團業務拓展至中國內地乃至世界各地，當年更因協助我經營生意而放棄念大學機會。作為長子，他為三位弟弟在德、才、學、識各方面都起了表率作用。

次子施榮懷，現任全國政協委員、全國政協人口資源委員會副主任、北京市政協常委、香港省級政協聯誼會會長，同時還是中華廠商會名譽會長、香港勞顧會代表。他是80年代最早一批北上發展的港商，從做貿易到後來辦工廠，經常隻身前往北京、朝鮮等地談生意，飽經磨練，而後有了事業基礎。

三子施榮恆，現任上海市政協委員，曾任東華三院主席。目前主要掌管恆通資源中心內部管理事務，也負責企業在武漢、廈門、上海等地的地產項目。

幼子施榮忻，現任深圳市政協委員，香港福建社團聯會秘書長，亦是全國青聯副主席、菁英會創會主席、百仁基金發起人。雖然在他出生的年代，家庭經濟狀況已較為好轉，但他亦能繼承和發揚父親艱苦創業、奮發圖強的精神，并以新生代眼界、膽略和學識，成長為一位金融界精英。

對於他們的茁壯成長，我深感自豪的同時，也非常感恩內地的改革開放平台，給了他們無限發揮的空間。如今，四個兒子克紹箕裘，都非常關心祖國發展與香港繁榮穩定問題。加入政協隊伍後，更是積極就社會、民生、經濟，以及中國新一輪改革開放、共建"一帶一路"和粵港澳大灣區等建言獻策，貢獻己力，令我十分欣慰。中國40年改革開放歷史已經證明，對國家有信心、對回歸有信心、對"一國兩制"有信心的香港人，最終都是受益者！

家國情匯 香江 ｜ 復興夢耀 中華

薪火相傳　爲國盡力

文/ 胡法光
原全國政協委員、滬港經濟發展協會永遠名譽會長、菱電集團主席

　　我的祖籍在江蘇無錫，父親胡憲生是中國第一批留美學生。不過在香港，大家一般把來自江浙滬一帶的人都統稱為"上海人"，加上我的學生時代都是在上海度過，所以，我的"根"也可以說是在上海。

　　40年前，內地打開大門，迎來了改革開放的大潮，可惜當時不少香港商人對內地的情況不了解，還在觀望。而我卻早早看到了其中的潛力，在1978年就派長子胡曉明到內地考察，尋求發展。第一站選的就是家鄉上海。

　　作為最早一批來內地投資的港商，我們菱電集團在上海投資的首個項目是與錦江集團合作，建造上海新錦江大酒店。我記得改革開放之後，上海建起的第一個標誌性建築是外灘的聯誼大廈，新錦江大酒店可算是第二個。那時候曉明剛剛從美國柏克萊加州大學的電機工程系畢業不久，就隨我一起參與上海的舊城改造。除了茂名路上的新錦

江，後來菱電集團投資興建的項目還有淮海中路上的上海廣場，徐家匯的嘉匯廣場，虹橋開發區的錦明公寓等等，都很有代表性，明顯改善了上海的投資環境。

除了房地產，我們還在上海參與實體製造業，主要是承接電梯和機電設備工程。這是菱電集團的老本行，我在香港就是做升降機起家的。在上海做電梯業務的時候，我一手牽線搭橋，把日本三菱公司引進上海，成立了上海三菱電梯廠。到目前為止，上海三菱仍然可算是中國電梯製造業的龍頭企業，技術和管理幾乎都是同行中最先進的。

我們在上海的建設大大鼓舞了香港商人到內地投資的信心，起了示範樣板的作用，帶動了一大批人回祖國內地發展。老實講，我們胡氏家族對上海的貢獻不多，可市政府卻給了不少榮譽，1999年9月，時任上海市市長徐匡迪向我頒發了"白玉蘭榮譽獎"，這是給對上海經濟建設和社會發展作出突出貢獻的外籍友人的殊榮，也是對我的肯定和鼓勵。

■ 菱電集團投資的上海新錦江大酒店、淮海中路上海廣場

胡法光獲得時任上海市市長徐匡迪頒發的上海政府最高獎項"白玉蘭獎"

滬港合作　比翼齊飛

　　滬港經濟發展協會是1985年由唐翔千先生等香港知名人士發起成立的，是聯繫香港、上海兩地工商界和專業界的團體，我很榮幸擔任了第二任的會長之職。我在任期間做的最重要的一件事，就是與上海統戰部聯手創辦了"滬港大都市發展研討會"。

　　這個研討會邀請專家、學者、企業家及政府官員等各界精英圍繞滬港兩地經濟發展的熱點問題做探討，主要目的是啟動兩地之間的研究與合作，希望可以促進兩地優勢互補，共同發展。到今年，研討會已經辦到了第八屆。

　　2000年6月第一屆研討會在上海舉行的時候，當時的上海市長徐匡迪、香港特首董建華都出席了會議，還作了演講。我記得董建華先生的演講題目是"香港的未來路向"。我也在會上介紹了滬港經濟發展協會的工作,包括為兩地商界人士提供各種合作機會;協調港商在投資過程中遇到的問題;舉辦各種形式的座談會和論壇;參與培訓上海市政府和大中型國企專業人才等等。

我始終認為,香港擁有國際視野和經驗豐富的企業和專才,內地可憑藉引進香港新的管理概念來提升素質;內地品牌可以利用香港的國際網絡進軍世界市場,或者借鑒香港的經驗,甚至和香港合作,共同創立中國的國際名牌。而且,香港在中外貿易當中一直扮演中介和橋樑的角色,可以通過香港,引進更多境外資金和技術進入中國市場。

滬港經濟發展協會成立這麼多年,推動了滬港兩地經濟、貿易、科技、文化、教育、青年及專業服務各個領域的交流與合作,也團結了兼具愛國情懷和上海情結的香港工商界、專業界優秀人才。我任職會長期間,就推動了滬港兩地專業人士資格互認,讓上海的年輕幹部來港參加會計師、律師、測量師等專業培訓,卓有成效。

書香門第　網球世家

2018年8月18日,雅加達亞運會開幕的那天,我兒子曉明作為香港體育代表團團長,率領香港健兒步入會場,非常引人矚目。雖然他是工商界人士,接任我做了菱電公司的發展主席,但是他在網壇揮拍已經近60年,在網球上很有造詣。打網球是胡家的傳統,由我父親傳下來,現在又傳到曉明身上。

上個世紀初,家父胡憲生從國外留學歸來的時候,就和幾個志同道合的朋友一起向國人推廣網球。我深受影響,從小學就開始愛打球，還在多次比賽中拿過冠軍。其實我的愛好很廣泛，高爾夫球，橋牌等等都有興趣，但其中最愛網球。它是一項需要體力，耐力和速度的高強度運動，我樂此不疲，每周都要打兩三次，讓身體保持在最佳狀態。後來隨著年歲漸長，我對體育運動也有了一種責任，決心盡一己之力，為香港的網球和體育事業作點貢獻。

這幾十年來，我先後擔任過香港康體局主席，香港奧林匹克委員會副會長，還有單車、網球、足球、乒乓球、羽毛球、業餘手球、業餘籃球等等各個體育協會的會長、主席或名譽會長等職。有人問我，這麼多年公司及私人贊助社會體育的費用有多少？我答，沒有統計，也沒必要統計，能認認真真為香港體育事業出點力是分內的事。1977年，我受港府嘉獎獲任為太平紳士，2016年，時任特首梁振英又為我頒授特區最高榮譽的"大紫荊勳章"。

胡曉明率團出席雅加達亞運會開幕式

我是從上海交通大學畢業的，對母校的感情一直很深。上世紀六七十年代香港的上海交大校友會，就是我主要發起並資助。如果交大校友從世界各地來香港，那他的第一份工作，總是在我們菱電公司。1996年，上海交大百年華誕，我捐資150萬美元在交大閔行校區建了一個體育場。造好之後，有人提議叫"胡法光體育中心"，我堅決反對，後來還是曉明提議，叫"光明體育場"。一來這個名稱比較好聽，二來裡面包含了我們胡家兩代人的名字，"光"是我，"明"是他。這個名稱也激勵我們胡家兩代人，今後要繼續為國家的建設服務。

　　我們胡家從我父親那一輩起就熱心教育，上海的大同中學和大同大學都由胡家創辦。後來，我在上海交大捐資建立了"胡法光獎學金"，資助那些在校品學兼優的清寒子弟，還在香港城市大學捐建了"胡法光運動中心"，這些都是我樂意做的事，出錢捐給國家的教育事業，總是物有所值。

薪火相傳　為國盡力

　　兒子曉明受我的薰陶，也喜歡網球和體育，他是亞洲網球協會的永遠名譽副會長，2008年還擔任了北京奧運會的香港火炬手。

　　曉明傳承了胡家一貫愛國愛港愛鄉的家訓，對國家的建設同樣滿懷赤誠之心。90年代末，吳邦國在上海擔任市委書記，問他："你是三個網球協會的秘書長，能不能給上海引進一個有點影響的網球比賽項目？"有了這一囑託，後來在曉明的提議下，上海找準機會買了一個項目，就是喜力網球公開賽，現在已經發展成了每年一度的網球大師系列賽。

自1992年起，曉明當了20年的上海市政協委員，兩屆委員，兩屆常委，2012年還當選了全國人大代表。他盡心盡責，基本上每年都有四五件提案。有一次他提出，上海要建成國際化大都市，必須要有對外宣傳的媒體，要有外語電視台，外語報紙和外語廣播，這些今天都已經成了現實。曉明還在上海成立了一個網球發展基金，一個網球俱樂部，那些在全運會比賽上拿獎的上海運動員，大多出自這個網球俱樂部。

　　曉明在2000年也獲香港特區政府委任為太平紳士，後來又獲"銅紫荊星章"和"銀紫荊星章"，同樣榮譽等身。

　　現在，我已經95歲高齡，曉明也過了花甲之年，公職之外的閒暇以球會友，強身健體。今天，國家的改革開放迎來了40周年的紀念，我亦相信胡氏家族為國盡力的傳統會代代相傳，生生不息，共同服務於中華民族偉大復興的中國夢。

關注體育助發展

文/ 洪祖杭
原全國政協常委、香港福建社團聯會榮譽顧問、南華體育會會長

　　我於1958年移居香港，由於愛好體育，所以擔任的許多社會職務大都與體育有關。我自1980年代末開始加入南華體育會，曾擔任會長及主席。從南華會開始，逐漸擴展到其他不同的體育層面。南華體育會經過多年的營運，其組織模式和經營方式不但為港人所歡迎，更在改革開放後引起了國家體育界的極大興趣，不斷來港取經。

振興體育事業

　　為振興祖國體育事業，1994年我向國家體育總局捐資5,000萬港元，發起組織了中華全國體育基金會。時至今日，基金會建立了全國優秀運動員傷殘互助保險基金、全國優秀運動員獎學金、助學金、國家隊老運動員老教練員關懷基金等多項專用基金。我認為要全面振興中國的體育事業，一定要為運動員和教練提供一個好的發展環境以及應有

家國情匯 香江 ｜ 復興夢耀 中華

的福利和保障。體操運動員桑蘭就在受傷後獲得了運動員傷殘互助保險的賠付。

2003年，我在全國各地與國家體育總局合作打造了內地房地產品牌"奧林匹克花園住宅"，聘請國家或地方退休教練員和退役運動員前來指導社區居民正確地進行體育健身活動。我希望能夠讓名牌住宅在家鄉開枝散葉，更希望能把大眾體育、全民運動思想帶進社區與百姓生活中，提高家鄉人們的生活素質。運用國家標準的運動方式，期待發現和培養出更多的民間體育人才，為國家體育事業發展起到人才儲備的作用。

2008年北京奧運會，我有幸成為中國香港和澳門240名火炬手之一。

2008年，洪祖杭參加北京奧運會時所持的火炬

促進體育交流

除了振興體育事業，我還十分注重推動香港與內地的體育交流。因為我覺得，體育和文化一樣，可以憑藉相互交流而獲得迅速進步與發展。

我經常邀請全國政協體育組的委員來香港訪問，看看香港的體育會、俱樂部如何經營運作。內地有很多城市的體育館因為經營不善而荒廢，於是我成立了一家公司，聘請了很多退役的運動員和退休的教練員幫他們經營。我曾經在政協提案如何留住我們國家優秀的教練和運動員以及國家體育產業如何發展。

1991年，我擔任香港明星足球隊會長兼領隊。這支明星足球隊包括影視明星譚詠麟、曾志偉、陳百祥等一群熱愛足球運動的影視明星，我多次帶領香港明星足球隊進入內地，為慈善事業籌款。將體育運動

■ 2011年，香港明星足球隊25周年慶

與慈善活動結合在一起的這種新穎形式得到了各方的關注。多年來，香港明星足球隊赴世界各地舉辦了多場慈善比賽及活動。

1991年華東水災之後，為了支援災區人民，我率領香港影視明星體育協會的大批成員浩浩蕩蕩飛到北京，舉行慈善演出活動，所得善款全部用於賑災。這場慈善演出的門票是5,000人民幣，那時候的五千塊很值錢，但現場仍然坐得滿滿的。令我印象最深的是最後一個節目，香港和內地的明星一起合唱《朋友》，現場氣氛令人感動，反響很好。這次慈善演出活動，不僅取得令人滿意的籌款成績，而且體育協會以一種全新的形式開展其活動，留給人們許多有價值的啟迪。後來我們到世界各地舉行慈善活動，在台灣為慈濟功德會舉行慈善演出時籌得了8,000多萬台幣善款。

關注家鄉發展

身為福建人，我十分關注家鄉的發展。我第一次為家鄉捐款是在二十多歲時，那時我的家鄉都是坑窪的泥土路，走夜路也沒有燈，各家用的還是油燈，我便給家鄉捐款建電線杆拉電纜，並修築了一條從晉江英林到石溪的道路，村道村巷都連起來了，家家戶戶都開始做服裝，然後運到石溪去賣。我先後在家鄉捐資興建了英林中學體育場、多功能大禮堂、科學綜合大樓、圖書館大樓、英林影劇院等公益設施。

1970年代，我給家鄉的醫院捐款，用於資助那些在我家鄉打工卻沒錢看病的外地人員，有些意外過世的，就把他們火化之後送回老家。前幾年我還收到他們家人寄來的感謝信，很感動。

華僑大學洪祖杭樓

在我看來，要推動家鄉的發展，引進人才、資訊十分重要，我曾牽頭請美國火箭資本投資有限公司董事總經理黃健華、富蘭克林基金集團（大中國區）董事長楊光等到家鄉考察。過去數年，我在家鄉投資了科技產業，在晉江市設立一家能源研發及製造基地，集太陽能晶片、燃料電池和其他再生能源的研發和生產於一體，望能將此成為國際上技術最為先進的電子科技發展中心，又幫助福建省資訊產業廳成立積體電路ICC培訓中心，積極吸引台灣高科技人才、技術到家鄉，計劃引進台灣的技術在廈門生產LCD顯示板加工。

香港在改革開放過程中發揮重要作用

2018年是中國改革開放40周年，40年來中國在國際政治、經濟、外交等領域的影響力都取得了長足進步。在改革開放歷程中，香港一直發揮著積極和重要的作用，為國家的發展貢獻自己的力量。香港在改革開放初期是對外的一個重要"窗口"，港商是最先回應國家政策的號召，到內地投資和參與建設的先行者，對內地制度改革起了很大的推動作用。

　　未來，香港應積極融入粵港澳大灣區，攜手參與"一帶一路"建設，不斷吸引國內外人才，尋找與內地發展現實更新的契合點，繼續發揮自己的自身優勢，為國家改革開放貢獻一份力量。

我的 "China trade" 之路

文/ 施榮懷
全國政協人口資源環境委員會副主任、港區省級政協委員聯誼會會長

　　從1978年改革開放的大幕剛剛拉開，我就經常去內地，談生意、交朋友、做公益、旅遊⋯⋯這40年來內地的發展變化，我幾乎是親眼見證了每一步。

　　最早是跟著爸媽回鄉探親。那是1970年代，我記得特別清楚，我們父母兄弟幾個從羅湖過關，每人穿著5、6件上衣，3、4條褲子——為了避免繳稅，過了關便脫下來，送給家鄉的親戚朋友。那時候內地物資匱乏，這些衣服很受歡迎。我們最常去的是廣州，當時街上有很多標語，"打倒紙老虎"、"打倒帝國主義"之類，我那時候十多歲，覺得很新奇。

　　1980年，我和幾個要好的同學結伴去內地旅行，從深圳坐火車出發，去了無錫、上海等城市。幾個人背著碩大的背囊在街上走，當地人像看怪物一樣看我們，畢竟當時內地的背包客很少見。旅行中所見的大好河山給了我極大的震撼，我發自內心地愛上這片土地。或許我

原本並沒有什麼強烈的愛國情懷，也不一定完全同意某一個政權或政黨的理念，但毋庸置疑的是，我愛這片土地、我認同這個國家，這是一種簡單而明確的信念。

1984年中英聯合聲明簽署的時候，我正在美國念大學，好多外國同學、台灣同學、還有內地的同學都跑來問我：你畢業以後還會不會回去了？我每次都很堅定地回答：我是肯定要回去的。

80年代：第一次去北京

1985年我大學畢業回到香港，幫家裡做事。父親交給我的第一個任務，就是去北京談項目。

那是我第一次去北京。冬天的北京，對我來說是一個全新的世界。如今，像北京、上海這樣的國際化大都市，和香港幾乎看不出什麼區別，但當時的北京和香港太不一樣了。街上的人們穿著中山裝、戴著帽子，很少見西裝和領帶，除了灰、黑、藍，也幾乎見不到別的顏色。馬路上沒什麼車，很安靜。

對我來說，在北京的體驗一方面很新鮮，另一方面，生活上卻很不便利。沒有出租車，出門辦事得提前一天通過酒店預約包車，豐田車大概是200塊錢半天，以那時的物價來說，是相當昂貴的；沒有娛樂活動，連吃飯時間都有限制，每天晚上7、8點餐廳都打烊了，我們必須趕在那之前早早吃完飯；飯後沒有夜生活，唯一的去處只有麗都飯店，那裡有保齡球可以打，更重要的是，在麗都能買到文匯、大公報，我就常常特意去買一份報紙帶回飯店看。

這些都是生活上的小事，我當時面臨最大的挑戰在於開拓人脈。

如今，不論在內地還是香港，20多歲的企業家並不罕見，但在80年代是很少的。我當時20出頭，談生意的對手方大多是國營的專業總公司，比如紡織品總公司、工藝品總公司、服裝總公司、絲綢總公司，他們的科長一般都在30、40歲左右，他們叫我"小施先生"，緊接著就問：你爸怎麼沒來？你大哥怎麼沒來？他們很講究這種級別和身份上的對等，在他們眼裡，我就是個"黃毛小子"，大概人家心裡根本就瞧不起我。

我試過在北京待了一個星期、卻一個人都沒見到。那時香港人去內地常會帶一些T恤、連身裙、萬寶路香煙之類的小禮品，在物資短缺的內地，這些小禮品很吃香，可是我那次帶去的東西一樣都沒送出去。當時真是挺苦悶的，一個人去逛頤和園，北京的冬天很冷，昆明湖結冰了，那是我第一次去頤和園，也是至今唯一的一次。

施榮懷1988年在北京

好在我父親比較放手，他每次只是告訴我去什麼公司、找什麼人，並不會幫我做更詳細的安排。我就自己跑北京，多跑幾次，人家看我很有誠意，這次不見，下次可能就會應酬式地見我一下，路子也就這樣慢慢打開了。

現在我還是常常去北京，每年都要去很多次。我很喜歡北京，在北京有很多朋友，每次看到北京的藍天白雲，都要拍下來放到朋友圈。

90年代後：人人都做 "China trade"

80年代做內地生意的港商並不多，很多香港人看不上內地市場，生意做得比較大的，一般不會考慮去內地。而我家幾乎全部生意都在內地。有些人覺得我們這些跟 "大陸佬" 做生意的相對低端。

有一次在外面吃飯，隔壁桌的人說：你看這姓施的幾兄弟，做大陸生意的，連中午都要喝酒。我印象特別深刻，他說這話時明顯是帶著不屑的。因為內地的喝酒文化比較普遍，我們有時候中午跟客人吃飯，確實是要喝酒的。

那時做內地生意比較辛苦，除了人際交往方式、文化方面的差異，通訊和交通也特別不便。從香港打電話去內地，要提前跟大東電報局的operator預訂，比方說，我明天要打兩通電話去北京、打三通去上海，都是要提前訂好的。

今天從香港去廣州，最快一個小時都用不到，而那時候我甚至搭過飛機去廣州，因為當年從香港去廣州的直通車一天只有一班，沒趕上就得想別的辦法。有人坐船去廣州，從香港到廣州，坐船要一整宿；也有人先過關到深圳，再從羅湖搭的士去廣州，的士費高達300塊錢不說，路上要花費6、7個小時，在國道上還經常目睹血淋淋的場景（那時候人們交通安全意識不強，經常亂穿馬路，因此交通意外很多）。

我們大學畢業的時候，同學們之間是按照做"China trade"還是"非China trade"來區分的。80年代末，打開南華早報、星島日報的招聘廣告版，聘請"中國貿易"經理、銷售人員的會特別注明，一般要求"能經常到廣州出差、要會普通話"，等等。

1992年鄧小平南巡之後，去內地的港商漸漸多起來。到現在，再也不會有人特意區分"China trade"和"非China trade"了，如今你做什麼生意能跟中國沒有聯繫？當年那些看不起我們的，現在也都在做"China trade"。

除了談生意，我還在北京參加過不少重大活動，其中1990年亞運會是非常難忘的一次經歷。當時我是香港籃球隊的領隊，那一年，香港隊和中國隊、伊朗隊分在一組，論實力，這三支球隊中香港隊肯定是最差的了。但在我們和伊朗隊打比賽的時候，全場觀眾都熱烈地為我們打氣；甚至中國隊對香港隊的時候，為我們加油的觀眾也不少。

觀眾和球迷都是內地人，他們顯然並沒有把香港隊當外人。對很多第一次去北京的香港隊球員來說，那種情景是很出乎意料的。當年很多香港人並不認為自己是"中國人"，他們一直覺得香港是香港、中國是中國，但內地觀眾和球迷的熱情讓他們非常震撼和感動。

我個人印象最深的是亞運會開幕式，在工人體育場的跑道上，跟在香港隊旗手後面慢慢走進場，我當時心裡就有一種感覺：自己的選擇——從美國回來、加入公司創業、去內地發展——是正確的，覺得很驕傲。

我父親50年代末從閩南來到香港，教過書、辦過學校、開過藥房、開過工廠，最終把生意重心放回內地。我曾經問過他，您為什麼會選擇去內地做生意？他的回答很簡單：1978年改革開放剛開始不久，他有一次跟著中華總商會的訪問團到華東地區考察了兩個星期，看到了內地經濟發展的前景和機會，就決定去闖一下，"摸著石頭過河"，反正也沒什麼可輸的。

新時代："China trade"門檻提高

我剛開始去內地做生意時，雖然在硬件條件上有諸多不便，但那時賺錢的機會很多。香港的對外開放程度比較高，相比內地，我們更了解"外面"的遊戲規則、知道"外面"有什麼物資和原料，只要匹配內地的需求、打通渠道，生意自然就能做起來。

恆通主要是做紡織材料的，從韓國、日本、台灣、歐洲進口材料賣去內地。最早我們從國外買布，賣給內地工廠加工服裝；很快，內地的工廠學會織布了，我們就賣紗線給他們去織布；再後來，他們紡紗也學會了，我們就提供滌綸短纖、黏膠這些化學製品……越做越上游。從某種意義上來說，恆通的生意是和內地的經濟成長同步的。

然而，如今的情形發生了很大變化，現在掙錢比以前難多了。坦白講，剛開始去內地談生意的時候，我們就是"皮包公司"，包裡裝著營業執照和文件，其它什麼也沒有。那時候"皮包公司"有生存的空間，現在沒有了。

當年香港的GDP佔全國五分之一，現在只有幾十分之一，深圳的GDP更是已經超過香港。內地各方面都強勢起來，香港人去內地做生意的門檻提高了很多。就我自己的體會而言，我現在接觸的內地民營

■ 1991年公司布行開業

企業家，很多人懂的比我們多，他們的思維方式、眼界，這十多年來逐漸反超香港，我們已經有點跟不上了。

　　貿易方面，恆通做的產品沒有變，還是紡織原料，但方向變了，以前是做進口，現在進出口都做，出口比進口還更多一些，主要將內地工廠生產的產品出口到越南、非洲等地。如今，江蘇、浙江稍大型的民企，一家工廠的產量可能就超過整個台灣、整個韓國了。

　　香港回歸前，政府曾邀請我申請居英權，我沒有申請，那時候我已經做 "China trade" 十幾年了，我喜歡做這件事，內地的機會多、朋友也多。

　　90年代香港出現移民熱潮時，父親曾召集我們四兄弟開家庭會議，跟我們說，如果你們想要移民，我不反對，但我自己是不會離開香港的。我們四兄弟全都選擇了留下，沒有一個人移民。

　　2008年奧運會，我在北京市豐台區當火炬手，鳥巢舉行開幕式的時候我也在現場。奧運會開幕式的宏大場面與1990年亞運會不可同日而語。從1990年到2008年，這18年翻天覆地的變化，正說明了中國走的路子是對的。我不是特別懂政治，但打心底裡佩服前人想到"中國特色社會主義"的提法，其實無所謂"資"還是"社"，"適合中國的"就是最好的。

"一帶一路"、大灣區
與改革開放一脈相承

文/ 陳永棋
原全國政協常委、香港廣東社團總會永遠榮譽主席

改革開放是一項重要國策，是以實現與世界接軌、發展國家經濟為目標的重要思想體制改革，是以解放思想、不再以階級鬥爭為綱、以發展經濟為本的重要決策。今天的"一帶一路"和大灣區發展戰略，正是改革開放40年的延續，是一脈相承的，它代表過去40年改革開放的成功，亦為貫徹十九大精神，為實現"中國夢"奠定堅實的基礎。

回顧過去40年的改革開放歷程，改革開放之路絕不平坦，路途崎嶇，一開始更是摸著石頭過河，但憑著這種迎難而上，敢於冒險和創新的精神，我們國人和國家一起造就了改革開放以來史無前例的成功。

從上世紀70年代國家改革開放之初，我一直見證著祖國翻天覆地的巨大改變，更親身參與其中。

第一批到內地投資的香港製衣企業

上世紀40年代，我出生在一個紡織世家，我的父親陳瑞槐與叔父陳瑞球是"長江製衣"創始人，兩人經營的成衣業當時在香港有"成衣一枝花"的美名，可以稱得上是製衣界的元老。當年父輩們憑著20部衣車起家，靠自己的雙手打出了天下。

1970年，我從美國留學歸來，回到香港加入了家族企業，最初擔任恤衫部廠長，主管恤衫生產。1978年改革開放，我看到了江蘇省在紡織業方面的優勢和經驗，便立即同當地一家國營紡織廠合作生產紗錠，從最初每年幾萬錠，到20萬錠、30萬錠……到擁有先進機器、可以生產60萬錠的大廠。我也成了第一批到內地投資的香港製衣企業。與此同時，我還在廣東開染料廠和成衣廠等等。

那時有不少香港廠商，尤其是在紡織製衣和電子業，大量北上設廠，在幫助國家發展經濟的同時，也擴大了自己的生產能力，再把賺到的錢帶回香港投資，又帶動了香港服務業的興起。

改革開放　香港和內地收穫"共贏"

改革開放前，內地企業相對落後——"機器舊、方法舊"。但在改革開放後的第一個20年裡，包括製衣、電子、玩具等勞工密集型輕工業在內的大量香港廠家，"北望神州"，紛紛到內地的廣東、福建、江蘇等沿海省份投資，為當地引入大量資金和先進的技術和理念，令當時內地的輕工業很快"一枝獨秀"。

在改革開放後的第二個20年，內地開始著重高科技產業發展。勞動密集的輕工產業則因投資成本增加而競爭力大減，並需要尋求可以降低成本的地方繼續生產。於是此類產業開始將廠房從內地遷往一些成本較低的東南亞和非洲國家。現在的內地企業可以說是正在做著40年前香港企業做的事，將工廠遷至成本較低地區。

縱觀改革開放至今的40年，在第一個20年裡，香港和內地均挖到各自的第一桶金——香港得以降低成本、帶動服務業興起，內地則收穫了資金和先進技術理念——可謂實現了"雙贏"；這也為第二個20年裡內地企業轉型發展第三產業打下基礎。

40年磨鍊　走向世界

以我自身經歷為例，改革開放之初，我帶著製衣資源，第一批到內地投資，去到江蘇、廣東等省投資設廠，並與當地分享技術、理念等先進知識。後來，隨著內地生產成本不斷增加，從2017年開始，這個工廠已將生產線轉移，轉到埃塞俄比亞投資設廠，準備通過採用中國製的先進機器及技術，以及利用當地的勞工和資源，降低生產成本。預計該廠明年便可正式投入生產，繼續做全世界人的生意。

我個人的製衣工廠選址的變遷，也可以說是時代的一個縮影。這正正代表40年的國家改革開放，已將國家經濟從改革開放初期時的水平，推高到了一個嶄新的層次，是一個跨越式的轉變。我們由閉關自守到解放思想，由引入勞工密集型企業到發展第三產業，然後自己做高增值的產業，將勞工密集的輕工業輸出到東南亞、非洲等國家和地區。

此時，"一帶一路"倡議的推出，亦是順應國家改革開放的升級

香港廣東社團總會於2014年9月1日召開座談會支持全國人大常委會《關於香港特別行政區行政長官普選問題和2016年立法會產生辦法的決定》

和需要而應運而生。所以"一帶一路"可以說是國家經濟改革下一個40年的升級版。沒有改革開放，恐怕國家現在仍被人欺負，我們的經濟可能仍是全世界最落後的，有了改革開放，我們的經濟、科技和綜合國力每一樣都變成世界數一數二的國家，這就是改革開放的成功。

憑藉特區優勢　再創互利共贏

在國家改革開放大潮下，香港過去40年無論在經濟、政治和社會民生上的發展，都與國家同呼吸共命運，在相輔相承下得益良多。

中央有很多政策優惠香港，如在金融政策方面對香港有很大照顧及支持；在沙士肆虐、金融風暴之後，香港經濟蕭條，中央開放自由行、打開"大門"，讓很多人到港撐起香港旅遊業；中央開放金融市場，也一定是讓香港優先。香港由當初的勞力密集的輕工業，轉型到以服務業為主，再發展成如今全球重要的國際金融、航運、貿易中心，全賴國家改革開放以來在"一國兩制"下的大力支持。

幾十年發展，內地發生了翻天覆地變化，如今中國於國際舞台扮演着舉足輕重的角色。我在兩地經商多年，見證了國家的滄桑巨變，可以感受到，內地與香港在發展上的互動，以前，是內地依靠香港"窗口"，大家互利合作；現在，慢慢變成香港依靠內地多於內地依靠香港。

香港更可藉如今自身優勢，在"一帶一路"和大灣區的發展中擔

■ 2015年6月17至18日，廣東社團總會響應"保普選 反暴力"大聯盟的號召，在立法會外進行大型集會，時任廣東社團主席陳永棋出席了集會

家國情匯 香江 —— 復興夢耀 中華

當重要角色。國家"一帶一路"倡議，涉及亞洲、歐洲、非洲，各行各業都可受惠；"一帶一路"和大灣區的發展勢將涉及諸多大規模投資，香港當可在金融範疇參與其中，此外香港在法律、會計、航運、醫療等多方面擁有大量與世界接軌的專業人才，足可參與和配合國家"一帶一路"和"大灣區"的建設發展，互利共贏。香港一定要把握好國家"一帶一路"倡議、"粵港澳大灣區"發展等機遇，從整個珠三角發展角度去融合發展，才有自身發展的機會，絕不能"故步自封，畫地為牢"。

認清目標　共度時艱

國家經歷40年改革開放，取得無容置疑的巨大成果，國力大增，國際影響力不可同日而語，不少企業更已走出國門。惟有少數西方國家卻生怕中國崛起，實行各種形式的打壓，處處限制中國發展，特別在高科技產業方面設限。

在"一國兩制"下，香港的地位和身份微妙，在如今複雜的國際環境下，香港當可再度發揮內地經濟窗口的地位，令內地企業可以藉助香港規避一些西方國家針對性的政策，得以突破封鎖。香港亦應認清目標，在金融、專業、投資等本身擅長行業上，協同國家向外發展，同發展、共進退，繼續擔當連接內地和國際市場的重要角色。

心繫祖國 風雨同舟

文/ 張永珍

原全國政協常委、江蘇旅港同鄉會聯合會永遠榮譽創會會長

　　2018年是改革開放40周年，也是香港回歸祖國21周年。能夠參與這段輝煌的時期，見證香港回歸祖國以來的發展和變化，我覺得我是幸運的。很多人見到我，常常問起"進入中國數字手機市場的第一家外國公司"、"改革開放後上海的第一幢涉外公寓"這些曾經的故事，在改革開放40周年的節點上，回味起來也有別樣的體會。

　　我在蘇州、上海長大。19歲高中畢業後隨家人遷居香港，後赴英國劍橋工專修讀英國文學。兒女長大成人前，我一直過著相夫教子的安逸生活。孩子長大後，我與先生送他們到外國讀書鍛煉，而我也終於走出家庭，先是創辦了婦女雜誌《象牙塔外》。 那時國家沒有現在這樣開放，各項建設急需外匯。機緣巧合下，時任香港新華社副秘書長何銘思先生介紹了霍英東先生及他的兒子霍震寰先生與我認識， 我便與霍震寰先生共同投資了香港大慶石油公司，將內地的石油帶到香港來。80年代初，適逢改革開放伊始，我認為中國蘊藏了巨大的潛力

家國情匯　香江　復興夢耀　中華

和機遇，於是我又逐漸投資參與了內地的電訊、交通、商貿、房地產等行業建設。同時，國家的開放發展也急需我們發揮在香港面向世界的優勢，為中外合作搭建橋樑。 我便積極利用自己在香港及海外積累的資源，參與到推動內地和港澳、以及中外經濟、貿易和文化的交流合作中去，也正是在這個過程中，留下了一些難忘的故事。

我是江蘇人，曾多次帶香港的訪問團到省會南京訪問，對於南京的建設和發展自然也就多了一份關心。很多南京人可能還記得愛立信公司在南京落戶的情景。90年代初，我與瑞典愛立信公司有良好的合作關係，便一直想引進這間全球領先的電信公司到江蘇來落戶。 合作磋商進行得很辛苦，還要找到在地的合作夥伴，我曾為推動合作項目進展，跑了很多次南京和北京。1992年，愛立信和南京熊貓集團終於達成協議，合資成立南京愛立信熊貓通信有限公司，這也讓愛立信公司成為了進入中國數字手機市場的第一人。此後的十幾年中，南京愛立

金城營造集團五十周年金禧慶典

信銷售從每年數億元一路飛漲到百億元，成為愛立信在亞洲最重要的生產和研發基地。瑞典政府為此特意頒發了皇家北極星勇士勳章給我，而我也因為成功促成了國外資本及技術進入中國內地並快速發展，受到了很大的鼓舞和激勵。

如今我到上海，第一站就是雁蕩大廈。這裡是1979年我與上海方面共同合作的改革開放後上海第一個涉外公寓。合建雁蕩公寓之後，我又陸續在上海投資了許多項目，其中很多隨著上海的開放與發展都已開花結果。

隨著對內地投資的增加，我明顯感覺到國家建設對人才的渴求。80年代初，我在香港中華總商會擔任副會長，便在會內倡議成立"香港工商業研討班"，目的是協助國家改革開放進程，培訓經濟、貿易、金融人才，得到了王寬誠、霍英東兩位會長的支持。研討班成立後，我們隨即邀請了中山大學、暨南大學的44位老師來香港，參加第一期課程。此後，我們聘請多位著名教授和專業人員到內地各個城市講課，並安排學員到香港培訓，向學員介紹香港的國際工商貿易、經濟、金融、管理和法規等多方面情況，因地制宜地汲取當中有益的經驗，從而更有效地與國際接軌。到現在，研討班已經超過35年了，參加人數已逾7,000人，每年仍有學員到香港來培訓。研討班的很多學員在全國各省、市、自治區及中央政府各機構、重要社團及國有企業中擔任重要職務，將培訓內容應用到工作中去，我感到非常高興。2012年中華總商會在廣州舉辦研討班30周年慶典活動時，我還見到了研討班第一期的學員們，大家共話當年，情真意切。

很多人知道我喜歡古玩、京劇、評彈等，這與我的故鄉和家庭分不開。吳儂軟語、評彈小調，都已刻在我的骨血裡，對家鄉的感情也

將一代代傳給我的兒女子孫們。 2002年，我在英國回香港的飛機上看到了雍正粉彩蝠陶橄欖瓶，造型線條非常優美，一下子就吸引了我。而花瓶的身世更讓我心動：近40年，它一直在美國前駐以色列大使祖母家的客廳裡充當燈座，瓶腹內塞滿泥沙和報紙。滄桑幾十年而保存完好，不得不說近乎奇跡。正是這樣的緣由，促使我在隨後的拍賣中，以3,700萬港元的價格拍下了它，加上佣金共約4,150萬港元。有很多人問我為何以如此高價拍下它，對我來說，喜歡的東西便是值得的，我希望這些美麗的東西不再流浪海外，能夠回到中國來，也讓全世界都知道，中國瓷器是好東西！拍賣後，有記者問我"打算放哪"？一個簡單的問題卻引起了我的思考。放在家裡？不安全！ 放在銀行的保險箱裡？那麼美麗的寶瓶被深鎖進櫃子，太委屈它了！ 正是在此時，我輾轉聽聞時任上海博物館副館長的汪慶正先生，多次表示博物館因資金有限，未能競價得到這一珍貴的寶瓶，十分惋惜，我便有了捐贈

的想法。 有了想法，實施便很快，我立即請上海博物館派人來家裡拿花瓶。從聯繫到取瓶，進展得很快很順利，後來我聽到汪慶正先生說"跟做夢一樣"，內心是十分高興的。有些朋友不理解，在2004年的花瓶捐贈儀式上，我便解釋我的想法："人不能成為金錢的奴隸。作為一個女人，應該對家庭負責，有條件的話，應該幫助朋友，對國家和社會作貢獻。這樣的人生才過得精彩和充實，才有意義。" 時至今日，我仍然抱有同樣的想法，寶物雖然稀有，但捐贈以後更多人可以近距離地欣賞到"寶瓶"的美，也保証了花瓶能永遠留在國內，不再飄泊，珍而藏之，何樂不為。

也正是源於對國家、對故鄉的感情，1991年我牽頭在香港成立蘇州總會，即是希望凝聚更多的力量為推動兩地經濟文化交流合作多作貢獻。 1996年，在家鄉政府的支持下，江蘇旅港的太倉、江陰、淮陰、

■ 時任上海市市長韓正給張永珍頒發白玉蘭獎

1996年，張永珍參加江蘇旅港同鄉聯合會籌委會議

常熟、無錫和蘇州六個同鄉會共同發起成立了江蘇旅港同鄉聯合會，旅港江蘇鄉親們相信、支持我，請我擔任首屆會長。此後，同鄉聯合會以團結鄉親，增進友誼，繁榮香港，積極推動蘇港經濟、貿易及文化交流為目標，積極開展了許多活動。 令我感到十分欣慰的是，江蘇聯會在江蘇鄉賢的共同努力下茁壯成長，發展至今已超過20年，成為香港回歸祖國後愛國愛港陣營中的堅定力量。

這些年，通過同鄉社團的平台以及我個人的基金會，我與江蘇在港同鄉們積極參與到社會事務和慈善事業中去。 教育是立國之本，所以我從1994年開始向香港城市大學先後捐款2,200萬港幣，並成立了"張永珍民族團結獎學金"，希望幫助內地的少數民族同學在香港學習，將來能夠把知識帶回家鄉，為民族團結、和諧出力； 我在中華總商會捐款1,000萬港元作教育基金、在內地捐建希望小學，通過全國婦聯的春蕾計劃資助失學女童，也是希望為教育事業作一些貢獻，讓貧困的孩子們有希望，而他們也是國家和社會發展的希望。

1998年，黑龍江大慶市杜爾伯特蒙古族自治縣巴顏查幹鄉遭受洪澇災害，當時我從照片上看到了情況，心裡十分難受，於是決定捐款1,400萬港幣，幫助大家重建家園。後來村民朋友將新村命名為"永珍王府新村"，讓我很感動。洪澇無情，卻讓我與大家結下了不解之緣。曾有記者幫我統計，這些年以我的個人基金會形式捐贈的公益款項已經超過2億元港幣。其實對於每次捐款，我並沒有事先想好。只是看到別人有困難，我就希望盡自己的力量去幫助他們。賺錢是很辛苦的，但能夠用來幫助他人，讓我感到很欣慰。

40年轉瞬，作為見證者和參與者投入到國家的改革開放進程中，我覺得很幸運。同樣，我覺得這一代的年輕人也是幸運的，香港回歸祖國20年來，國家的快速發展不僅為香港提供了堅強的依靠，更為香

■ 張永珍參加香港城市大學張永珍學人樓命名典禮

港帶來了前所未有的發展機遇。在這樣的大時代中，香港社會尤其是年輕人，一定要把握機遇，參與到進一步擴大開放中去。發揮自身優勢，共擔民族復興的歷史責任，共用祖國富強的偉大榮光。

改革開放親歷記

文/ 曹光彪
香港永新企業有限公司董事長、上海杉達學院名譽院長

    在我香港的住所裡，有一張美國賓西法尼亞大學沃頓商學院頒發的"院長勳章"。我是在2004年6月獲得這項殊榮。當時，學院院長賀克教授專程飛來上海，隆重地把勳章頒發給我，表彰我在中國改革開放初期最早到內地創辦合資企業。

    都說人生百年，如白駒過隙。對我來講，百歲已經近在眼前，要說這一輩子做過什麼有意義的事，我自己認為，開辦香洲毛紡廠，推動國家的改革開放，是我一生中做過的最重要、最有意義的事。現在回憶起當時的創舉，還是非常激動。

"三來一補""吃螃蟹"

    1978年年底，我因經營毛紡生意，和中國紡織品進出口總公司的陳誠忠總經理成了好朋友。他當時一心要為國家多創一點外匯收入，

一再要求我代向外國推銷國產毛衫。但是，當時的國產毛衫，花樣古老，質量欠佳，很難賣出去。於是我對他說，推銷比較難，不如由我到國內來辦一個工廠試試吧！當時，我覺得這個想法夠膽大的了，但陳總卻認為不妨一試。他讓我起草一份建議書，由他負責呈報。我用了一個星期，動筆草擬了一份建議書，裡面提出：在接近香港或澳門的地方投資開辦一間現代化毛紡廠，由內地提供土地，我負責機器設備，廠房圖紙，建築材料和人員培訓，原料由我們永新公司進口，產品亦全部由永新外銷，合作期為五年，收回投資後工廠就歸國家所有。那時，十一屆三中全會還未召開，改革開放尚在萌芽之中，但我寫信給中央的合資辦廠計劃，引起了鄧小平的關注，很快得到了中央的批覆：支持港商到內地投資辦廠。

1979年11月7日，中外合資企業"香洲毛紡廠"在廣東珠海建成了。我在內地建廠的消息傳出後，在香港引起了極大轟動，各大報章紛紛

接受沃頓商學院頒發的"院長勳章"

中國改革開放總設計師鄧小平視察　　　　珠海市香洲毛紡廠開幕紀念
首家合資企業珠海市香洲毛紡廠

報導我，還記得星島日報在標題中稱："中共可獲外匯年達三百多萬，加工紡毛紗更可吸收經驗……"而我由於一舉投資數百萬美元，開創了"三來一補"業務，就是來料加工、來樣加工、來件裝配和補償貿易，所以大家稱我為"第一個吃螃蟹的先行者"。

香洲毛紡廠落成那天，為了擴大影響，吸引更多中外人士前來內地參觀，我廣發請柬，邀請了逾500位商界人士、外國駐港領事和中外記者出席開幕儀式。但是，請柬發出之後，問題來了，當時內地尚未恢復辦理外國人的簽證手續，參加儀式的外賓如何出入境？有關中央領導獲悉後，認為香洲毛紡廠是改革開放的創舉，必須給予支持，於是作出特別安排：外賓只需在入境時交出護照，出境時發還，即可到珠海參加開幕禮。其實，我那時已經作好了最壞的打算，決心以這數百萬美元來試驗一下國家改革開放的決心。結果沒想到，香洲毛紡廠投產後，效益比預計的好得多，原定5年收回投資，結果僅用了2年就收回了。按照協議，毛紡廠後來就屬於國有企業了。

自此，中外合資企業如雨後春筍在內地開花，"三來一補"的加工業使中國沿海省份為後來的發展積累了寶貴的原始資金。我一生中做得最成功的生意，就是對國家有利，自己也不賠本的生意，香洲毛紡廠就是我的得意之作。

港龍航空"騰巨龍"

　　1984年9月，中英關於香港問題的聯合聲明發布後，我大受鼓舞。仔細研究了聲明之後，我對其中有關航空業的規定特別有興趣。如果體制五十年不變，那隨著香港和內地關係的密切，香港的地位肯定日益重要，航空運輸事業一定前景大好。於是，我大膽決定：進軍航空業！

　　1985年港龍航空公司成立，這是香港第一個由華人成立的航空公司。這年7月，港龍獲牌首飛馬來西亞，打破了香港航空業由英資財團

原民航局局長胡逸洲會見乘坐港龍航空
首航北京的包玉剛與曹光彪先生

港龍航空創辦人曹光彪先生與香港
嘉賓乘坐首航上海的港龍航空航班

壟斷的歷史。

可是，"港龍"成立之初，困難重重。當時港府推出了"一航線，一公司"的政策，保護英資國泰航空的既得利益，我們無法申請到熱門航線的空運牌照，幾乎月月虧本500萬。就在此時，中央政府伸出了友好之手，開放香港與內地的22條航線供"港龍"經營。經過努力，"港龍"從只有一架飛機，一條馬來西亞阿庇航線開始，發展到擁有了飛往中國內地、泰國、日本等30多條國際航線的牌照，機隊規模也大大增加，提升了香港作為國際航空樞紐的地位。

科教興國助桑梓

在我的老家寧波有個寧波幫博物館，那裡面放著兩塊鳴謝牌，是浙江大學感謝我造福桑梓，兩次捐款設立高科技發展基金，以及助建高科技大樓的。算下來，我在內地的捐款總數，在2008年已超過3個億，單單清華大學就不止7,000萬元。因我17歲就被迫輟學繼承家業，所以對興教助學情有獨鍾，而且由於個人偏好，捐助基本上都集中在教育和高科技兩個方面，恰好吻合了國家科教興國的戰略。

上海交通大學的"光彪樓"、黃浦區的曹光彪小學、復旦大學的中日青年交流中心、清華大學的亞洲青年交流中心，都是我、長子其鏞以及曹氏家族其他人捐資興建的。除了這些以外，對好友包玉剛在家鄉辦的寧波大學，我也是有特殊感情。1986年，我隨他參加了寧波大學的開學典禮，後來分別出資300萬元和1,000萬元助建了寧大的科技樓、信息樓。之後，其鏞又以個人名義先後在寧波大學設立了"曹光彪學生科研獎勵基金"和"徐望月教師獎勵基金"。近年，小兒其東又分別為以上基金注入了300萬元人民幣和200萬港元。至今，曹家對寧大的支持一直沒有中斷，多次為基金增資。

1997年8月，我和子女在中南海受到時任中共中央總書記、國家主席江澤民接見，他高度讚揚我們的愛國愛港精神，給了我們一家很大的鼓舞。

腳踏實地做實業

凡是與我一起做生意的人，都說我為人豪爽，從不錙銖必較。因我最喜歡看水滸、三國兩本寶書，最欣賞行俠仗義的舉動，凡事寧願自己吃虧些。這一點，上海市政府恐怕感觸最深。

在上海人民廣場附近的"永新廣場"是我的物業，也是上海第一座底層開放式的大廈，位置又好，與新建的市政府及上海博物館遙相呼應，1996年開始租售的時候是上海銷路最好的樓盤之一。當年上海舊城改造亟需資金，希望我們香港商界來支持。為取得這塊地，我付出的地價可是開創了上海之最。談判一開始，我就對上海方面講：我是滿腔誠意，決不還價的，請你們認真提出一個合理的價格來。對方以為我只是講笑，就提議每平方米999美元，我當場就拍板同意。結果對方反而緊張起來，擔心地價急升，對全市的房地產都會有影響，最後商量下來，每平方米減到888美元，可依然是全上海最高。回頭看來，永新廣場的項目好像是吃虧了，但因為這個項目，我的名字一夜之間傳遍申城，後來永新公司在上海的其它項目都順利開工，與各方面也建立了良好的關係。

我們的企業永新集團一直秉持腳踏實地做實業的原則，在內地先後投資過30多個項目，涉及紡織、印染、製衣、化工、電子、鋼鐵、酒店等多個行業，還與原國家經貿部合資，在香港成立永新技術發展有限公司，負責為內地引進技術，又與中國航空技術進出口公司合作，成立永新精密機械有限公司，經營電腦等精密機械。科技強國、振興中國光學事業是我晚年最大的心願。在永新集團的業務裡，特別值得講一講的，就是現在由曹家第二代其東、第三代志欣傾情耕耘的寧波永新光學公司。

　　寧波永新光學專注於與光學相關的專業精密製造領域，生產過中國第一台生物顯微鏡、第一台航空攝影儀和第一台電子顯微鏡，還為"嫦娥二號"和"嫦娥三號"製造過光學鏡頭，被讚為"中國光學顯微鏡的搖籃"。2017年，永新光學入選國家工信部製造業單項冠軍培育企業名單，公司擁有專利60項，多項科技成果獲省、市科學技術獎，

■ 左圖：上海市委書記李強會見曹其東　右圖：寧波永新光學在上海證交所上市

是國家重點研發計劃重點專項“高分辨熒光顯微成像儀研究及產業化”項目的承擔單位，參與制（修）訂國家、行業標準81項。永新更大的目標是聚焦高端顯微鏡，希望未來能對進口高端顯微鏡實現國產替代。2018年9月10日，寧波永新光學在上海證券交易所敲鑼上市，永新邁進了新里程。

當初為公司取名“永新”，正是寄託了我“永遠求新”的願望。曹氏三代的事業都與國家的新發展密不可分，“實業報國、不忘初心”在我們家族代代相傳。現在，小兒子其東，孫兒志欣正帶領著企業日新月異地大步前進，令我甚是欣慰。

現實不曾辜負夢想

文/ 梁亮勝
全國政協外事委員會副主任、香港廣東社團總會主席
香港絲寶集團董事長

如果要說我的人生中最值得紀念的大事是什麼？我想一定是改革開放。作為改革開放四十年的見證者、親歷者和受益者，我深刻地體會到改革開放是一場對國家和人民的大解放，不僅國家民族命運一新，也給了我們這代人主宰自己人生的機會。今天，我始終對自己的國家和民族充滿感恩，對這個時代充滿感動。

夢起山區

1978年，我在梅州山區老家一家國企裡工作。中央人民廣播電台播放中共十一屆三中全會公告，從"以階級鬥爭為綱"改成了"以經濟建設為中心"。然而，在這偏遠的山區並沒有對時代的敏感，依然平靜，山區簡單慢節奏的生活甚是美好，這裡是世外桃源，不知有漢，無論魏晉。

1980年，因為職業的關係，我有機會經常到廣州和珠三角出差，在平靜如水的家鄉和熱火朝天的改革前沿之間穿梭。此時的珠三角，計劃與市場、傳統與現代、保守與創新激烈碰撞又融為一體，北方人、南方人，老闆和打工仔蜂擁而至，"三來一補"、個體戶、企業承包經營等新生事物如雨後春筍，對外開放、建立特區等重大舉措不斷推出。強烈的發展差距打開了我的眼界。

在珠海，致富絕不是一件需要遮遮掩掩的事。在火車上，我看到很多人一手抓著雞腿在咬，一手翻著報紙上面的廣告訊息，琢磨著各自的生意；在羅湖口岸，我看到烏泱烏泱的人群，排著長蛇陣，等著過海關，去尋找致富的機會。這種場景深深震撼了我，不斷地刺激著我的眼睛和心靈。回到家時，我心緒不能平靜，山外的世界像一個有魔力的磁場在吸引著我，內心的聲音不停地呼喚我，要走出去好好闖蕩一番。

1983年，我決定辭掉國企的鐵飯碗工作，到香港去闖一闖。消息傳出之後，很多人覺得不可思議，有一份國企的鐵飯碗工作，有美滿的家庭，有安穩的生活，這時候跑到人生地不熟的地方從頭開始，太冒險了。有的人還跑來勸我，但我還是義無反顧地決定出去闖一闖。

我和妻子一起，攥著前往香港的單程證和退職金換來的幾千元港幣，排隊走過了羅湖橋。那擁擠的人流至今還歷歷在目，彷彿還能聽到自己激動的心跳和腳步聲，想到就這樣踏上了陌生的未知的彼岸，我心中充滿了莫名的忐忑和興奮。

飲水思源

改革開放最動人的是尊重奮鬥，回報勤奮努力、坐言起行的人。

從南渡香江，再北上神州，我一路前行，一步一個腳印，與改革開放同行，與國家和時代一同成長。改革開放給了我發展事業的機會，慢慢地取得了成績，在財富累積的過程中，我開始學習錘煉承擔社會責任的能力。

家鄉是我最掛念的地方。因為我的根在這裡，無論走得有多遠，無論外面的世界多精彩，到哪裡我都不會忘記自己的家鄉。能為家鄉做點什麼，也是我的初心和人生夢想。在我事業變得越來越好的時候，這種念頭就變得越來越強烈。我多次與鄉親們交流，根據他們的願望和需求，開始了我反哺桑梓的歷程。

我的家鄉梅州是偏僻的山區，父老鄉親最頭痛的就是交通。特別是梅江上缺乏橋樑，1980年代的時候，二百里長的梅江上只有三座窄舊的橋樑，為此我幫助家鄉修了幾座大橋，分別用我父母的名字命名，以銘記我時刻掛念家鄉、不忘親恩的心情。這幾座大橋至今仍是交通要道，為當地的交通起了重要的作用。過去，梅州鄉親有重病、大病都得送往數百公里外的廣州，費錢費時，耽誤治療。家鄉迫切需要有大型醫院為鄉親們服務。於是，我先後幫助家鄉建起了梅州市人民醫院門診大樓、粵東醫院門診大樓、梅縣第二人民醫院等公共衛生設施。醫療條件改善了，鄉親們在家門口就能治好病，生活的幸福感也就多了，這是我心裡樸素的想法。

梅州是客家人的大本營，也是客家文化精華薈萃的地方，客家山歌、廣東漢劇都是這裡的文化名牌，上世紀梅州提出建設"世界客都"、振興客家文化的目標，很需要有一個可以展示弘揚客家藝術文化的場所。我捐資支持建設了"亮勝客家藝術中心"，為客家文化藝術提供一個排演、展示、交流的平台，也為培養年輕一代客家藝術表演者提供了一個基地。

在反哺家鄉搞建設的過程中，我與故土鄉情之間的精神紐帶變得更加緊密，也使我對家鄉的了解和認識更加深刻，同時讓我在事業之外，發現了奉獻和付出的價值。

感恩時代

改革開放的過程是國家和民族命運大飛躍的過程，也是我人生不斷提升的過程。我的事業不斷拓展到全國，同時被國家賦予重望，先後擔任了不同級別的政協委員，眼界和關注面也在不斷地增長，在見到國家發展的同時也看到了發展不平衡的問題，我對慈善公益事業領域的關注範圍越來越廣。

為了表達對僑界科學家為了國家強盛毅然回國報效的壯舉的崇

梁亮勝與獲得"僑界科技獎勵基金"獎的愛國科學家們在一起

敬，25年前我設立了內地首個"僑界科技獎勵基金"。這在當時企業界是很少見的，還因為被獎勵的人和項目的分量很重，比如中國器官移植學的創始人裘法祖院士、中國遙測技術的翹楚李德仁院士、三峽大壩截流技術的創始人饒冠生等，他們不缺榮譽和獎勵，但對這個獎勵卻很重視，因為他們明白這個科技獎勵的時代意義，將激勵越來越多後來者投身科技，帶動更多的科學家報效國家。到目前為止，這個基金已經頒獎13次，有669項省部級以上科研成果和722人次僑界科學家獲得這個獎項。這些年來，我先後捐資設立了四個公益基金和多個公益項目。

我對教育的關注，源於我的一次山區經歷，當時我看到一個長得很可愛的孩子，因家庭貧困輟學，小小年紀就每天幫家裡耕田、放牛，我的心裡面有一種強烈的刺痛感。我清楚地認識到，要改變貧窮，必須由教育開始，於是我開始資助山區小學生，並動員公司員工和社會人士一批一批地深入山區捐資助學。後來免費義務教育開始普及，我轉而資助高中生，然後我又關注到高等教育質量，就這樣，我的一個個公益項目逐漸擴展到小學、初中、高中和大學各個階段。

在關注教育的過程中，我了解到，貧困學生需要的不僅是金錢的支持，他們也渴望心靈的交流和鼓勵。我組織"義務志願者團隊"，和這些受資助的孩子結對子，平時大家互相通信交流，每年都會專門找時間去看他們，給他們送書和學習用品，指導他們提升學習成績。每年都會收到很多山區貧困學生的信件，匯報他們的學習情況，談家裡村裡逐年的新變化，我也盡量抽時間給孩子們回信，表揚鼓勵他們。這些信件和志願者的行動，像陽光照亮孩子們的心靈，溫暖他們的人生。

我們一批批地把山區孩子送上高中、送進大學，但這並不是終點，每年我都會專門為這些孩子安排在公司的實習活動，讓他們多學點社會實踐的知識經驗。有些孩子長大後又成為我們的志願者，接過接力棒和我們一起幫助那些需要幫助的貧困學生，完成了從受助者到施助者的轉變，讓人感到非常欣喜。

　　隨著國家教育投入一年年加大，小學初中完全被九年制義務教育覆蓋，我也慢慢轉向對高等教育的關注。我捐資建立了華中科技大學啟明學院，這在高等教育的領域中開闢了嶄新的教學模式，也培養了學生的創新綜合能力。我在和學生們的交流中，被他們朝氣蓬勃的學習氛圍和好學創新的學習態度而感動。幾年來，啟明學院培養創新團隊和綜合性創新人才的創新教學模式獲得了國家和社會的認同，被國家教育部譽為高教領域的創新實驗田！我還捐資興建了武漢大學經濟與管理學院，為國家培養新型的經濟和管理人才奉獻一份力量。

梁亮勝赴山區為貧困學生送去學習用品

梁亮勝與華中科技大學啟明學院師生交流

　　在改革開放的崢嶸歲月裡，在努力打造自己事業基礎的同時，我積極實踐著反哺家鄉、回報社會，不斷實現自己的抱負和履行社會責任。"光彩事業特別貢獻獎"、"中華慈善總會突出貢獻個人"、"廣東省南粵慈善之星"、"南粵慈善人物"、"湖北省公益金質獎章"、"愛心慈善家"、"湖北省十大環保傑出人物"、"改革開放30年，影響湖北30人"等等，這一串串的榮譽鼓勵著我，更豐滿了我的人生。

　　改革開放40年的時光，我親眼目睹了中國從一個貧窮的國家成長為全球第二大經濟體；我親身參與了這個轟轟烈烈年代的建設事業；我親歷體驗了在這個偉大的時代永不辜負奮鬥者的喜悅。我們需要向這個時代致敬，繼續在這個美好的時代努力，不斷鑄就更加美好的未來夢想！

椰風海韻沁心懷
—— 記主辦第十五屆世界海南鄉團聯誼大會

文/ 張泰超
海南省政協常委、香港海南社團總會會長

　　我的故鄉海南島是全國著名的僑鄉，島上人口有800萬，而僑居海外和旅居港、澳、台的老鄉共計400多萬，是故鄉人數的一半。不知從哪個朝代開始，總之很久很久以前，我們的先人就移居海外。他們先到鄰近的東南亞國家，然後一代一代地逐步分散到50多個國家和地區。

　　"不求他鄉萬斗金，只念故鄉一撮土"，從小我就聽慣老人這麼說，這句話在我的心中潛移默化地扎了根。可不是嗎？海南人最念舊、惦念家鄉的父老、惦念家鄉的田園、惦念家鄉的美食、惦念家鄉的美麗傳說。

南海碧波連天湧

　　1978年祖國開始改革開放，經濟好轉，海外華僑和港、澳、台胞返鄉探親日益頻繁。海外不同國家的海南鄉團領袖們有更多機會接觸，每年清明節，大家從不同國家回鄉掃墓，順便聚會聊天亦是一件美事，大家總是爭著請客吃飯的。在一次宴席上，大家和往常一樣七嘴八舌，一邊是不厭其煩地津津樂道，另一邊是百聽不厭地哈哈大笑，大家都在說僑居國的風土人情、訴老一輩華僑的辛酸、道海外遊子的思鄉之情……突然間，大家發覺新加坡海南會館的潘家海會長怎麼一句話也不吭，也沒有留意別人的說話，以往總是他引起話題，他學識豐富，知曉海南許多經典和古老的故事，他的話總是引起人們的笑聲。不知道為什麼今天他默默無語，到底有什麼心事。在大家都把目光投向他的時候，他意識到似乎大家責怪他不該如此掃興。他喝下一口濃濃的五指山紅茶，他發言之前總是這樣的。也許因為他半晌不說話的原因，大家都靜下來欲聽他到底想說什麼。他一本正經地說："我提議我們成立世界海南鄉團聯誼會。"

■ 張泰超在第十五屆世界海南鄉團聯誼大會致開幕辭

在新加坡海南會館的潘家海會長的倡議下，世界海南鄉團聯誼會於1989年4月13日正式成立。理所當然地由新加坡海南會館在新加坡主辦了第一屆世界海南鄉團聯誼大會。接下來每隔兩年為一屆，由各國家和地區海南鄉團申請主辦。至2015年共舉辦了十四屆世界海南鄉團聯誼大會。世界海南鄉團聯誼會成為旅居海外海南人代表的盛大聚會。海南人最為好客，總想盡地主之誼招待故鄉親人，所以各國家和地區的海南鄉團都爭辦世界海南鄉團聯誼大會。

香江紫荊分外紅

香港海南社團總會於2012年9月1日成立。我們曾經組織了二百多人的龐大的代表團參加2013年10月由印尼海南同鄉總會在印尼棉蘭主辦的第十三屆世界海南鄉團聯誼大會和2015年由澳洲海南同鄉總會在悉尼主辦的第十四屆世界海南鄉團聯誼大會。

經過一番深思熟慮，我提議申辦2017年在香港舉行第十五屆世界海南鄉團聯誼大會。雖然香港總會才剛成立五年，也未有舉辦國際級大會活動的經驗，但是這個建議得到了總會會董的一致通過。

那是2014年深秋的一個晚上，海口的白天氣溫炎熱到使人不願意出門，可是一到傍晚，海濱微微的椰風吹拂，浪濤輕輕地傳來海韻，令人心情舒暢。我習慣地沖好一杯香濃的海南興隆咖啡，坐在別墅陽台上的紅籐太師椅上，極目遠望大海與天際相連的地方，沉浸在遐想之中。

我的朋友總愛笑我說，睡前喝咖啡，怎麼能入睡呢。我也開玩笑地說，海南盛產咖啡，我是喝咖啡長大的，不喝咖啡反而睡不著。可是那天晚上，我真的無法入眠，倒不是咖啡的化學作用，而是琢磨著在明天的海南世界聯誼會理事會上，如何表達我們申辦第十五屆世界海南鄉團聯誼大會的理由、計劃、規模等等，以說服各國家地區鄉團代表同意我的申請。

海上不遠處一艘萬噸巨輪的鳴笛，把我的視野拉回近處的海面。幾艘國產的郵輪、貨輪，也有掛著萬國旗的外國輪船參雜地停泊在那裡，巨輪的燈光照亮了一片海。滿載漁獲的帆船的燈光，像藍天的星點，陸陸續續流回港灣。我還記得，在1960年代，我們國產的第一艘萬噸巨輪成功下水，是當時的號外新聞。可是今天，別說是萬噸巨輪了，我們國產的航母、軍艦、潛水艇在祖國的海疆自由的遊曳。這是改革開放帶來的巨大變化啊！

三十多年彈指一揮間，改革開放前的情景好像發生在昨天。1997年香港回歸祖國後，我們旅居香港的海南青年們，湧現了不少商業精英和奇才，我們總會的執行會長和十幾位常務副會長，都是一些著名的上市公司董事長、企業家、教育家、航運大亨等等。

我真想和海外的僑胞們分享改革開放和香港回歸的偉大變遷。我在假想著鄉親們相聚的情景，也許以下這首詩可以反映我的心情：

南海碧波連天湧，

香江紫荊分外紅。

鄉親相會情願濃，

同心譜寫中國夢。

我的思緒逐步地清晰、逐步地條理化，基本上形成了次日在世界海南鄉團聯誼會理事會上的發言腹稿。

天空泛起魚肚白，我不知道那晚有無片刻的睡眠，但是當天早上我精神飽滿，信心十足地迎接對我來說是最有意義的一天。

當我在香港海南社團總會常務副會長會議上，傳達我們成功申辦第十五屆世界海南鄉團聯誼會時，引起了大家一陣熱情的討論，他們主動贊助大會，個人捐助款由50萬港元至400萬港元不等，在不到二十分鐘的時間，就籌集了3,000多萬港元，已經超出了我的預算。

　　第二天一早，總會的秘書小郭來了電話，"張會長，我的微信快爆棚了。會員們都知道主辦世界聯誼大會的事了，他們說你們大老闆都出了大錢，他們也想表表意思，出那麼一千幾百贊助大會可以嗎？" "這是好事，當然可以，大家的事大家辦。"小郭好像怕我收線，急促地說："還有還有，已經有幾百人報名當大會義工。"我很受感動，十分欽佩鄉親們的愛會精神。

鄉親相會情願濃

　　2017年11月30日至12月2日，我們在香港會展中心隆重舉辦了第十五

香港灣仔會議展覽中心，第十五屆世界海南鄉團聯誼大會主會場盛況

第十五屆世界海南鄉團聯誼大會主禮嘉賓啟動大會儀式

屆世界海南鄉團聯誼大會。雄偉的香港會展中心是香港的地標，1997年7月1日香港回歸的莊嚴儀式就是在這裡舉行的。這裡見證了英國殖民者的旗幟徐徐降落，五星紅旗和香港的區旗冉冉升起，我們的民族從此洗刷了百年屈辱。

　　秋高氣爽，心情舒爽，千里逢迎，高朋滿座。出席本屆聯誼會的，有來自29個國家和地區的鄉親代表團，出席人數總計6,000多人，為歷屆人數之最。

　　海南省省長沈曉明、中央政府駐港聯絡辦副主任何靖、中國人民解放軍駐港部隊時任副政委蔡永中、香港民政事務局局長劉江華等作為主禮嘉賓出席了大會。沈省長、何主任、劉局長和我都在大會上致了辭，改革開放使海南島成為著名的國際旅遊島；香港成功落實基本法和實踐"一國兩制""港人治港"、高度自治的方針，舉世矚目。當鄉親們聽到各項成就和家鄉巨大變化的時候，都報以熱烈的掌聲。

　　華僑總是保留一些舊文化，他們稱呼沈曉明省長為海南的父母官。沈省長平易近人，說話帶一點點江浙口音，他中等身材，從他的那副金絲眼鏡和斯斯文文的舉動，一眼就能看出是一個知識分子。他總是微微地笑著回答：〝還是把我當作老鄉吧。〞他就任不久就走遍了文昌和瓊海兩個主要僑鄉，他如數家珍一般地說出，華僑長期以來為家鄉修橋鋪路、捐助建校等投身公益事業的事蹟，他更是親切地向僑眷、歸僑了解華僑政策的落實情況。最令我感動的是，他把第十五屆世界海南鄉團聯誼大會列入他2017年的政府工作報告中。

海南省委書記劉賜貴指示，一定要辦好第十五屆世界海南鄉團聯誼大會。海南省委統戰部、宣傳部、省政府外事僑辦、商業廳都有派員參加聯誼大會的籌備工作。

這次聯誼大會取得了豐碩的成果，成功舉辦了2017年海南（香港）綜合招商推介會、〝故鄉情〞系列書畫作品交流展暨圖片展開幕禮、首屆海南鄉音文化論壇暨方言歌唱交流會及多場大型瓊劇演出、文藝演出。

海南省省長沈曉明接見來自29個國家和地區的海南鄉團領袖

作為主辦聯誼大會的主人家，我必須到各個國家和地區的代表團去道謝。許多僑領也都是多年的老朋友了，打個招呼就可以了，一本正經反而顯得見外。我倒是想去看望第一次參加世界海南鄉團聯誼會的緬甸鄉親代表。

緬甸代表團來了六位鄉親。其中兩位鄉親似乎想了解更多家鄉的情況。他們倆是親兄弟，四十開外，身材瘦小，亞熱帶的陽光把他們的皮膚曬得黝黑，哥哥名叫符海，弟弟叫符南，非常健談。我開玩笑地說："一次過叫你們倆'符海南'好了。"他倆說："這正是家父取名的意思。"他們是第三代僑生，祖籍文昌龍樓鎮。奇怪的是他們不但海南話說得好，而且還會用海南話讀書。我問他們："你們的父親是個讀書人吧？"他們說："不是的。是爺爺教了父親，父親又教我們。爺爺小時候，在家鄉哪有錢讀書，村裡也沒有私塾，有一位老族長識一些字，就教他的。"說著說著，他從背包裡拿出一本發黃的

■ 由海南省商務廳與香港海南社團總會共同主辦的"2017年海南（香港）綜合招商推介會"

家國情匯 香江　復興夢耀中華

毛筆手抄本《弟子規》，接著說："老人家就是教我們這本書。"《弟子規》是他們的傳家寶。難怪他們說話總是長幼有序。我又想起孔子的名言"禮失而求諸野"，華僑始終保持儒家的文化傳統。他們倆說，爺爺90多歲了，還是硬朗的，自從爺爺到了緬甸，三代人都沒曾回過家鄉，這次是帶著爺爺的囑咐而來的，明天大會結束後，他們要飛回爺爺常常提起的故鄉。他們興奮地說："看了電視，知道家鄉蓋起了衛星發射中心，爺爺還說那個航天科技城的地方，原來是個雜草叢生的山坡，就是爺爺小時候放牛和煮野果的地方。明年清明節，我們要帶爺爺和父親回故鄉看一看。"我說："實在太好了。你們也真孝順。記得，路過香港要找我，我做東來請你們。"他們說："太感謝張會長大哥了！"

聯誼會順利結束了，海南多家電視台和中央電視台財經頻道都播放了大會盛況，鄉親們深受鼓舞。

又是一個深秋的夜晚，我還是老習慣，睡前一杯香濃的海南興隆咖啡，坐在一張舒適的五指山紅籐編織的太師椅觀海。我一遍又一遍地看著紫荊雜誌社編輯部的來函。他們邀我撰寫改革開放40年來和香港回歸21年來給我留下的一個印象深刻的個人故事。在這個偉大的變革年代，我由一個普通的農家子弟到不但擁有自己的企業，而且還擔任了香港海南社團總會會長，在這個過程中有多少個值得回憶的故事啊。寫什麼？怎麼寫？我呷了一口咖啡，遙望廣袤的大海，椰風海韻沁入心扉，啟發我一個又一個靈感，我沉浸在無限的遐想之中……

中國巨輪　劈波斬浪　繼往開來

文/ 梁滿林
全國政協委員、香港深圳社團總會前會長
華南城集團行政總裁兼執行董事

　　我十分榮幸，生在了一個新舊交替、推陳出新的時代。1953年國家開始實行首個五年計劃，從此開始了自己的工業化進程，逐漸從農業大國發展成為製造大國。近15年來，中國又迅速從勞動密集型產業向高端智能製造業邁進，拉開了“中國製造2025”的序曲。回想60年前，當時的中國，連一顆螺絲釘都要從國外進口，然而就是這樣的中國，成為了黃河兒女夢想開始的地方。我出生於上個世紀50年代，和許多同齡人一樣，經歷了與父母分離的痛苦，三年自然災害時飽嘗了家無隔夜米、瓜菜半年糧的飢餓，熬過了吃不飽、穿不暖的貧窮，幸而改革開放的春風吹遍神州大地，使老百姓的生活發生了翻天覆地的變化，我這樣普通人家的孩子才有機會投身商海，做出成績。

　　猶記得最初從深圳來到香港，16歲的我在洋服店找到了一份學徒的活計，每天席地而眠，幾乎全年無休，日以繼夜地勤奮工作。經過一番努力打拼，不到20歲時，我總算擁有了自己的服裝加工廠。創業初期，資金、經驗、人脈都嚴重不足，為了順利接到訂單，我只能每天早出晚歸，四處奔波。從運送衣物到洽談生意，全部一手包辦。所幸，付出的汗水沒有白費，工廠漸漸走上正軌，穩定地發展起來。經過幾年的發展，我創立的公司恒力成為香港四大絲綢製衣廠商之一。

當時，恰逢內地改革開放，我又將服裝廠開到了深圳，取得了不俗的成績。然而，國際市場瞬息萬變，90年代起，絲綢行業逐漸萎縮，我的事業受到了嚴重衝擊，不得不另謀出路。這時我發現，世界的工廠在中國，中國的工廠就在珠三角。珠三角的工廠成千上萬，對工業原材料的巨大需求顯而易見。改革開放的中心深圳享有獨特的地理優勢，毗鄰香港，背靠珠三角，很適合打造成商貿物流中心。

2003年我同志同道合的香港實業家投資組建了深圳第一家綜合商貿物流公司——華南城。我們抱著創造中國優質物流交易中心的夢想走到了一起，每位合夥人在各自的行業均擁有豐富的經驗，包括紡織服裝、金屬塑膠及紙品印刷等，而這些行業均為珠三角的主要行業。華南城得到了深圳市政府的大力支持，使我們充滿了信心，幹勁十足，很快公司就有了一定規模。

回想起華南城創業初期也是困難重重，我常以"自古英雄多磨難"自勉。華南城經歷了從門可羅雀到門庭若市的蛻變，時至今日，我們的業務遍布中國八大省會城市，形成了一個規模龐大的物流網絡。

作為和國家一起成長的企業，我們也在不停探索，根據政策的變化、發展的需要，不斷調整企業的運營目標、發展使命，和祖國一起共同摸索出屬於並合適我們自己的道路。

進入發展後期，布局全國的戰略也讓我們深刻感受到國家在經濟

　　■ 2013年11月27日，香港特別行政區時任行政長官梁振英到訪南寧華南城

　　政策上的高瞻遠矚，從"一國兩制"到"一帶一路"，一個個新的樞紐地區拔地而起。京津冀、粵港澳，一個又一個片區收穫著國家規劃帶來的成果，東南沿海已率先成為最富裕的地區和發展的中堅力量。改革開放以來我們經歷了一個又一個五年計劃，正是這一個個五年計劃，使我們衝破了國外技術壁壘，有了自己的專利技術和研發製造。從平原到高原，從北國到南疆，中國不僅有著舉世無雙的水利基礎工程，還有著縱橫萬里的高速鐵路；從工業製造到綠色發展，中國推出的新能源汽車、新型機器人，以及領先世界的電子支付，都將著力於創造中國的、世界的智能生活。這15年來，我們不僅堅持工業強國，也未曾忘記民生為大的重要使命。脫貧攻堅戰的穩步進行，讓中國一步一步進入全面小康的和諧社會。反腐倡廉的內部改革，讓我們有了更為高效的執政力量。百姓的未來，就是國家的未來。醫療、教育、

養老體制的改進，讓百姓切實感受到了民生的改善。與此同時，中國的經濟增長速度前所未見：截止2017年，作為世界第二大經濟體的中國，國內生產總值超過12萬億美元，占全球總額的15%。發展之迅速，是其他國家難以比擬的。面對經濟全球化，開放視野是一個國家必須具備的發展因素。加入"WTO"、創辦"亞投行"，這15年來，中國進入了對內改革、對外開放的新時期。越來越多的中國企業跟隨國家規劃從一起成長到一起面向世界、走向世界。聯想、華為、中興，不再只是中國名牌，早已躍居世界名牌。"創新"與"發展"是近15年來的代名詞，不斷創新才能夠跟上時代變化的腳步，迅猛崛起的阿里、騰訊、比亞迪，不僅被歐美熟知，也將引領中國企業開創新的未來。

歷數近年來中國的發展成果，無一例外體現著國家一個個五年計劃的科學部署，反應出國家對未來的高瞻遠矚，這也是一個民族共同智慧的結晶。面對這片我曾逐夢過的土地，展望未來的中國，我充滿信心。中國，一艘巨輪，劈波斬浪，繼往開來。新的一代又將有新的目標去實現，有新的領域去追逐。我們即將迎來的又是一個新的新舊交替的時代，又是一段新的征程。世間之路千萬條，有的平坦，有的崎嶇，但無論怎樣的道路，都在人的腳下，只要認準方向，就能靠近目標。

深耕志業　永續傳承

文/ 楊孫西
原全國政協常委、香港福建社團聯會榮譽顧問、香江國際集團董事長

去年7月1日，在慶祝香港回歸祖國20周年大會暨香港特別行政區第五屆政府就職典禮上，國家主席習近平親臨香港出席並發表重要講話。習近平主席指出，不斷推進“一國兩制”在香港的成功實踐，是中國夢的重要組成部分。我們既要把實行社會主義制度的內地建設好，也要把實行資本主義制度的香港建設好，進一步彰顯“一國兩制”的制度優勢和強大生命力。

今年是祖國改革開放40周年。40年來，香港的福建社團組織廣泛凝聚旅港各界鄉親，為促進香港與家鄉的經貿往來、興教助教、帶扶弱勢群體做了大量的工作，維護了香港的繁榮穩定，“一國兩制”制度正日趨成熟和完善。

在港工作留學為創業打基礎

盧溝橋事變後，本人出生於福建省泉州市石獅鎮的一個華僑家

庭，父親那一輩早年漂泊在菲律賓做小生意。戰亂年代，本人失去了學習機會，從小在家學幹農活。1951年本人12歲，為了與父親團聚，隨母親輾轉到了香港，遂專心投入英語等功課的學習。50年代中期，一生愛國的父親楊子炯去世，家境隨之發生巨大變化，本人不得不中斷大學學業。為能繼續深造，且為將來創業著想，本人選擇了工商業作為努力奮鬥的方向，進入香港一家製衣公司開始了半工半讀的8年生涯。

每天晚上，本人到香港的大專院校進修英文，還去進修有關紡織服裝業的技術課程。到了第四個年頭，公司打算從歐洲引進一條自動化生產線，就派本人去德國深造學習，成了人生的一個重大轉折點。在德國留學近兩年，回港後成為公司自動化生產部門的主要技術骨

90年代初在辦公室（背景為當年全家福照片）

幹。在德國期間，本人仔細考察先進的工業技術和西方的管理方式，爲今後自行創業打下了基礎。

參與組建愛國愛鄉福建社團

作爲早期從福建到香港的人士，本人在香港參與組建了愛國愛港愛鄉的福建社團。"香港福建商會"，原名"旅港福建商會"，於1917年由閩籍鄉賢在香港創立，是首個閩籍社團組織、也是香港福建社團聯會成立時五個發起團體之一、在236個團體會員中位列第一。百年來，閩商同心同德，守望相助、救濟同胞。中華人民共和國成立後，特別是改革開放40年來，商會帶領鄉親們積極支持家鄉和祖國的現代化建設，配合香港福建社團聯會工作，成爲閩港交流合作的重要橋樑和紐帶，爲維護香港長期繁榮穩定發展，促進閩港經濟、文化交流合作作出了重要貢獻。

以廠商會會長身份在2004年廠商會70周年慶祝晚宴講話

香港回歸祖國後，香港福建社團聯會與廣大鄉親始終擁護"一國兩制"，堅決支持特區政府依法施政，積極參與愛國愛港社會事務。在香港的重大事務中，福建社團組織以極大的熱情和敢拼敢贏的精神風貌，贏得了社會的廣泛認同。近年來，香港福建社團聯會繼承和弘揚先輩的愛國主義傳統，認真做好各項會務工作，用心辦好福建中學，培養了許多愛國愛港青年。本人在參與香港福建社團聯會的會務工作中，亦深受影響和啟迪。由於從事工商業，本人於30年前，進入香港中華廠商聯合會會董會。2004年，被推選為中華廠商聯合會的第三十五屆會長。

在內地投資成功獲快速發展

1969年4月，本人拿出全部積蓄，與朋友合作開設了香港國際針織製衣廠。從一家小型的服裝廠起步，製造針織毛衣，發展到用針織和梭織來做時裝，主要出口歐洲、美國及日本。之後在短時間內把製衣廠發展成香港發展最快的製衣集團之一。到了80年代，本人創辦的擁有十餘家下屬企業的香江國際集團誕生了，成為香港製衣業發展最快的企業集團之一。

當時，祖國開始實施改革開放。經過考察，香江國際集團於1980年在廣州荔灣區合辦了首家來料加工廠，專做手工鈎、織時裝的加工，產品的數量、品質均達到出口標準。成功的實踐堅定了本人在內地投資的信心，集團大舉在珠江三角洲一帶以及老家福建等地投資開工廠。後來，又根據市場變化，陸續在浙江、江蘇、上海、山東、江西等省市開辦了合資企業，生產不同的名牌系列服裝。1997年，本人作為

　　■ 2000年以董事長身份在集團創業30周年慶祝會上講話

香港特別行政區籌備委員會委員，常赴京參加討論，在與中央領導接
觸的過程中了解到北京市正在大力改革開放、吸引外資。通過考察訪
問，本人感受到，北京的管理更加制度化和規範化，政府部門辦事公
正、公務員辦事水準較高，答應的事就一定兌現。因而，本人大膽地
把投資重點放在了政策開明、公平公正的北京，決定將北京作為投資
房地產的首選地，還聘請了世界一流建築師來到北京，開始進入北京
房地產市場。經過十幾年建設，香江國際集團業務涵蓋寫字樓、公
寓、酒店式公寓、酒店、商業、別墅、旅遊地產等多元化物業。

參與商會促進閩港經貿交流

　　2017年末，旅港福建商會成立100周年慶典活動於香港灣仔會展中
心隆重舉行。新一任旅港福建商會理事長駱志鴻、監事長林銘森、商

234

會成員及部分港區全國人大代表、港區全國政協委員、各界知名人士、商界翹楚、鄉賢代表等近1,500人歡聚一堂，共慶旅港福建商會百年華誕。本人作為旅港福建商會永遠榮譽會長，見證了閩商在祖國改革開放40年的歷程中，積極促進閩港經貿交流合作，在繼續保持香港繁榮穩定中，成為一支不可缺少的重要力量。

在百年大慶典禮上，新一任旅港福建商會理事長駱志鴻代表商會全體同仁宣布，為今後會務工作發展需要，"旅港福建商會"更名為"香港福建商會"，從此掀開了歷史上的新篇章。駱志鴻會長希望，商會會員能進一步加強香港和內地的交流與合作，積極參與國家"一帶一路"發展戰略，心繫祖國和家鄉發展，繼續弘揚敢拼會贏的"福建精神"。香港和福建同處於泛珠三角區域，也是"一帶一路"沿線重要節點，將迎來更多的機遇，兩地協作除了政府之間大力推動外，民間團體的助力也非常重要。相信在新時代，百年商會定會繼續擔當兩地橋樑，促進閩港進一步合作發展，攜手為國家貢獻力量。

閩商熱心教育等社會公益事業

據史料記載，歷經千年的發展歷程，閩商已遍布世界各地。然而，無論閩商走向何方，他們作為閩地人的濃厚故園情結卻從未流失，因為他們"經商打拼的共同動機是對家鄉的摯愛，故鄉是閩商四海闖蕩的起點"。隨處可尋閩商為家鄉所作的無償捐助。閩商行善，助殘紓困、安老扶幼、賑災濟民，無所不涉，但以助學為主，使千萬寒門學子茁壯成長，早日成才。旅港福建商會在百年奮進的過程中，團結了一批又一批商業翹楚、業界精英，為會務的發展特別是辦學育

人提供了有力保證。商會早在1951年已創辦福建中學,時至今天一共開辦了3所文法學校和1所為新來港學童提供適應課程的學校,為社會培養出許多愛國愛港的優秀人才。

祖國改革開放初期,大批港商跨越羅湖橋,奔赴內地,興業投資,興教助學,形成一道獨特的風景線。本人在發展工商事業之餘亦注重教育,先後擔任清華大學教育基金會理事、南京大學顧問教授,還擔任了南京大學、復旦大學、暨南大學和華僑大學董事會董事。作為創始人,1992年創辦了福建石獅一中。令人欣慰的是,在福建石獅第一中學教師的努力下,辦學水準日趨提高,先後榮獲全國及福建省的多項殊榮。

共擔民族復興的歷史責任

祖國改革開放40年,旅港福建商會一直積極推動閩港人文商貿交流。為慶祝香港回歸祖國21周年，香港福建社團聯會婦女委員會舉行聯歡晚宴，特別祝賀王少華、顏寶鈴、柯達權、蔡素玉、陳聰聰、鄭琴淵等18位歷年榮獲特區政府勳銜的姐妹。福建社團聯會副主席柯達權在致辭中表示，榮獲勳銜的18位姐妹彰顯了"愛國愛鄉、海納百川、樂善好施、敢拼會贏"的福建精神，為香港特區的繁榮穩定、為香港市民的福祉作出了卓越貢獻，取得了優異的成就，得到社會各界的好評和特區政府的肯定。相信她們今後會更積極參加福建社團會務，支持特區政府依法施政，團結凝聚在港閩籍婦女及各界人士。

在今年教師節來臨之際，香港中聯辦特別舉辦"公眾開放日‧教師專場"，還安排三場專題講座，與超過600名教育界代表及前線教師加深交流。中聯辦副主任譚鐵牛擔任首位主講嘉賓，以"新一輪科技革命與香港創科發展的歷史機遇"為題分享演說，引述歷史說明抓緊科技革命是蛻變成為強國的一大關鍵，分享對新一輪科技革命的觀察體會，籲本港把握優勢，積極參與國家科研發展。多名教育界人士大讚譚鐵牛講座內容精彩，深入淺出講解國家科技發展歷程。隨著港珠澳大橋和廣深港高鐵香港段等跨境基礎設施投入運營以及各種制約創新要素自由流動、創新資源開放共用的制度障礙不斷突破，必然帶來人流、物流、資金流、資訊流的加速流通，科創人才也可更便捷地在區內學習、就業和生活，大灣區科創發展的協同效應將日益顯現！顯而易見，青少年既是香港的未來，也是"一國兩制"的傳承者，更是香港科技創新的生力軍，應備加關愛和扶助！

熱心公益　凝聚人心

文/ 詹洪良
全國政協委員、香港浙江同鄉會聯合會常務副會長
香港臨海同鄉會會長

　　1983年，我碩士畢業之後，從加拿大返回香港參與家族企業，開始經商創業。至今，詹氏有限公司積極參與祖國經濟建設，在內地投資達數十億元人民幣。

　　多年來，本人一如既往地熱心公益，熱心社會事務，立志要盡己所能為社會作出一點貢獻。本人參與義工工作已經幾十年了，現擔任香港浙江同鄉會聯合會（簡稱"浙聯會"）義工團團長。除此之外，本人多年來還孜孜不倦地從事公益事業。

　　香港很多年輕人很容易被反動勢力煽動，做出不理智的行為，我認為原因在於香港年輕人對內地的不了解，長期被無良媒體蠱惑，對中國內地的印象是充滿了錯誤和偏見的，並不清楚中國內地的真正面貌。為了改善這種情況，讓香港青年更加了解自己的祖國，自2005年開始，本人自費每年組織數十名香港大學生回內地交流，截止到現在已經親身帶領大學生考察團去往浙江、四川、雲南、湖北、貴州、內

蒙、廣東等省份，每一次活動都得到了當地政府的大力支持，每一次皆是圓滿落幕。為了能把這項活動順利地持續舉辦下去，現在我正在籌劃成立"香港詹氏之友會"公益組織，立志要越辦越好。

　　每年參與的大學生主要是由香港五所中學（培僑中學、漢華中學、香島中學、福建中學、創知中學）的老師推薦該校畢業的優秀學生，本人負責制定全程行程，與當地政府聯繫對接，并全程親自帶隊。由於整個行程是免費的，只需要交象徵性的報名費，所以吸引了很多大學生來參加。有些學生本身對內地抱有一定的偏見，但也願意利用這次機會進行了解，以及與內地學生面對面交流。活動的形式多種多樣，有欣賞祖國的秀麗山水，有欣賞當地有特色的文化節目，有邀請內地大學教授給我們做專題講座，還有分成小組進行討論交流等等。整個考察的過程中，大學生們既是參與者，也要承擔部分團務工

　　2009年，詹洪良帶領香港大專學生考察浙江

作，例如生活組的大學生協助編房、準備救急藥物。娛樂組大學生要負責遊戲的設計和司儀工作等，培養大學生的各項組織和領導能力。在行程即將結束的總結會上，很多學生都表達了自己的看法的轉變，比如參加交流團之後，面對面接觸到內地的風土人情，才發現自己之前很多看法都是很片面的，並且表示自己願意進一步了解祖國。我很開心這項活動能夠達到預期的效果，不積跬步，無以至千里，不積小流，無以成江海，即使只有很微小的改變，我覺得也是非常有意義的，所以這個活動我會堅持辦下去。希望這項活動除了促進大學生更全面、深入地認識祖國的歷史、文化等各方面的發展，還能培養大學生對祖國的歸屬感。

為了讓內地大學生也有機會來香港交流，進一步促進兩地年輕人的互相了解，2012年4月本人同兄弟一起給浙江大學捐款500萬元港幣，

■ 2017年，詹洪良帶領香港勞工子弟中學的教員到浙江考察

家國情匯 香江 —— 復興夢耀中華

設立了詹氏交流基金，支持浙江大學每年組織學生到新加坡和香港遊學。每年浙江大學的相關負責人都是報給我遊學團的名單，遊學團到香港后，我也都會親自接待，并邀請他們參觀我們公司和工廠。每一年看到不同的青春洋溢又充滿好奇的面龐，我都覺得這個活動非常有意義。我逐漸認識到只教育大學生是不夠的，愛國教育越小開始越好，我自己的五個小孩全部就讀于香港愛國學校。近年來，本人陸續幫助台州學校同香港學校結對，自費資助香港學校教職員工前往台州學校考察。到目前為止，台州九個縣市區全部結對成功。路橋實驗中學、溫嶺中學與香港香島中學結對，臨海初級中學、哲商小學、玉環實驗中學與香港漢華中學結對，黃岩中學、台州市洪家中學與香港培僑中學配對，天台縣始豐中學、三門第二高級中學、仙居縣外國語學校與香港培僑書院配對。兩地的學校正在進行著積極又友好的交流活動。

我始終相信，兩地的年輕人只有多多溝通，多多交流，才能消除隔閡，消除偏見，我願意為推動兩地教育和交流盡自己的一份力。

融入大局　面向未來

文/ 鄧清河
全國政協委員、香港深圳社團總會會長、宏安集團主席

　　40年前，中國吹起改革開放的春風，不少香港企業家攜資金、團隊北上做"開荒牛"，覓得發展商機，也帶動了中國經濟的騰飛。40年後，晉升為全球第二大經濟體的中國，提出了"一帶一路"和"粵港澳大灣區"兩個偉大構想，不少香港企業家積極把握機遇，以實際行動響應國家號召。

　　作為香港深圳社團總會會長，我一直扮演排頭兵角色，並秉持積極投資祖國、擁護祖國發展的信念，將自己在港創業經營的宏安集團中國總部設在深圳，率資金、先進技術、專業管理經驗在當地建立營運團隊。在投資創業之餘，亦盡量利用自己的影響力從事社會服務，熱心社會事業，多年來積極為深港兩地的協同合作、維護香港的繁榮穩定作出貢獻。

　　將來我計劃將旗下的位元堂藥業以粵港澳大灣區為試點平台，逐漸拓展至全國，以中醫藥文化為引，傳播中華文化至"一帶一路"沿

線國家；並利用現有的農產品交易平台，將中國農產品遠銷至"一帶一路"沿線國家。

少小離鄉　發奮有為夢圓香江

1962年，我出生於原寶安縣沙頭角鎮。1960年代，沙頭角還沒有一條像樣的水泥公路，為了趕路，每日5點天還未光，就已離家踏上求學之路。沿著蜿蜒的黃土鄉間小道步行至香港最北端的粉嶺，再乘坐頭班火車來到尖沙咀的學校，朗朗讀書聲中是少年對知識的渴望。

"窮人的孩子早當家"，肩負著養家糊口的重任，為了讓弟弟妹妹能繼續完成學業，22歲時我憑著一股"初生牛犢不怕虎"的勇氣選擇了創業，並發揮建築專業所長承接工程，只要是能賺錢的機會都要嘗試一番。木材、沙石、水泥……別人看來辛苦的活我卻甘之如飴，常常穿著一套灰色的衣褲就去工地開工，因為這樣不容易顯髒。除了粗活，細活也要一手包辦，記賬、算賬、報賬……繁雜的款項我都盡心理妥。

終於在1987年，我創立了巨集安工程公司，一連串業務隨之展開，積極投標政府工程，從事與樓宇建築相關的工程，為私人住宅提供室內裝修及翻新服務。1989年，宏安建築工程有限公司成立，負責巨集安工程大部分建築業務。1995年，業績輝煌的宏安集團在港上市。

在旁人看來，事業正發展得如火如荼，但我卻居安思危——承接工程這樣一個"看天吃飯"的生意，並不能帶來穩定收入，如何另闢蹊徑？思前想後，我又漸漸發現，與民眾日常生活息息相關的街市生意蘊含著廣泛商機，於是我又拓展了業務版圖進駐香港街市。從新鮮糧食、熟食、衣物至家庭用品，皆有涉獵，在布局和管理方面，我都親力親為，務求大小舖位都變得井井有條，當時我還得到了“街市大王”的稱號。也正得益於街市生意取得的成功，宏安集團平穩地渡過了1997年席捲而來的亞洲金融風暴，經受住了考驗。

遊子歸鄉　開闢內地市場新天地

　　隨著1970年代末改革開放的春風吹拂至深圳，這個南方邊陲的小漁村迎來了前所未有的發展機遇。當年深圳的面貌和現在相差極大，我見證了深圳如何由一個小鄉村發展成為大都會。

　　說著一樣的語言，有著共同的文化，深港兩座城市是名副其實的一家人。隨著深圳經濟特區的成立，香港的產品市場、製造業、服務業都漸漸轉移到了深圳，特別是香港一大批愛國愛鄉的工商企業家，都期望第一個回到家鄉投資興業，大量香港的獨資、合作經營企業帶動了深圳三大產業逐漸形成規模。而我，便是其中的一個，率先將自己在港創業經營的宏安集團中國總部設了在深圳福田區。

　　後來，我又順應國家對農業發展的大力支持，成立了中國農產品交易集團，主營農產品交易的菜籃子工程。公司以深圳為窗口在東莞、武漢、欽州、玉林、徐州、開封、洛陽等內地多個核心城市，斥資百億元建設和營運大型農副產品綜合批發市場，成功建成足華中、縱貫華南華北、橫跨華東大西南的全國性連鎖批發市場體系和現代化的農副產品物流中心網絡。除此以外，公司也積極參與中國農貿事業的建設與發展，全力支持國家“菜籃子”及“米袋子”民生工程建設。

　　深圳寬鬆優越的政策，吸引了來自五湖四海的人才。青年敢於嘗試新事物，城市也具備了創新精神。若說家鄉情懷是牽引我回深發展的起因，那麼新時代深圳活力創新的特質則是我堅定信念的動力。此番北上，我不但帶去了資金、先進技術、專業管理經驗，把自身業務做大做強的同時，也為當地帶去了勞動力需求，在深圳聘請管理、財務、技術、法律專業人士，以"大集團，小公司"的理念，放手讓當地團隊運營。如今，農副產品綜合批發市場已擁有遍布國內六個省、十二個城市的業務，大約有三萬戶經營戶，解決了數以萬計農民賣菜難的問題。

除了中國農產品交易集團，我2000年亦收購了始創於1897年的百年中醫老字號"位元堂"。談起與中醫藥的結緣，要追溯至創業初期，那時候很艱辛，我非常緊張自己的事業，忙碌的工作導致身體出了問題，經常因為胃痛、胃出血而入院。無奈西醫的多番診療並不見效，最終是長期服用中藥，才令身體康復。約20年前，有一次前往法國探望朋友，在朋友的帶領下拜訪了當地的一位西醫，這位西醫極為推崇中國的針灸，並且學習了相關技藝，將西醫與針灸相結合。這次獨特的經歷，讓我看到中醫藥蘊藏著博大精深的中華文化，認為可以藉著中醫藥文化在海外的傳播，弘揚中華文化。我想，改革開放後，國家經濟富強，還有什麼可以做的呢？文化產業是重要的！因此在2000年遇上合適的機會，我便果斷立決，選擇了收購位元堂。

以實際行動支持"一帶一路"和粵港澳大灣區發展

2013年，國家提出"一帶一路"倡議。2017年，提出建設粵港澳大灣區，推動內地與港澳特區的深化合作，以港澳的獨特優勢，提升中國的經濟發展。香港是超級聯絡人，有獨特的制度優勢，而大灣區"9+2"城市群間區域經濟、社會、交通的互聯互通，可集聚人才、文化、技術、資金，進一步實現協同創新、融合發展的格局。在全國兩會期間，作為全國政協委員，我提交了"推動粵港澳大灣區金融互聯互通"、"以創新驅動落馬洲河套地區發展"、"大灣區建設與香港中藥業發展機遇"等提案。我認為改革開放40周年是國家成長的里程碑，在千載難逢的時代機遇中，落馬洲河套地區的創新發展將為香港滿足"一帶一路"沿線國家對創新科技和科研人才的需求奠下基礎，開拓更大的國際市場與發展空間。

我亦以實際行動表達對國家政策的支持，與中東的生意夥伴合作，並計劃利用公司經營農產品交易平台多年來的經驗，將中國物美價廉的農副產品遠銷海外，同時公司備有冷庫倉儲，可以儲存來自中東的海產品，轉銷至內地。至於中藥產業，已在粵港澳大灣區布局了50間位元堂的直營店，中國其餘地區則有約20間門店，而在海外，我們正在積極爭取做到"有華人的地方就有我們的代理商"。除了在香港的兩間藥廠，也在深圳坪山區投資興建了新的廠房，藉著內地的採購優勢，在深圳藥廠進行藥材的前處理、加工，及部分製藥工序。我向來注重質量，因此保留了最傳統的古老中藥製法，也全力研發中藥保健品，希望讓中醫的古方古典惠澤更多的老百姓。

粵港澳大灣區可以成為港資企業進入內地市場的試點平台，我將以區內50間位元堂直營店作為試點，研究內地消費者的喜好及消費習慣，其後再將業務在全國各地鋪開，進入14億人口的大市場。另外，公司也正在部署在中東開設中醫館，目前正積極招聘針灸、推拿醫師，冀將凝聚了中華文化智慧的中醫藥帶出國門，更以此弘揚中醫藥傳統文化。我堅信在"一帶一路"、粵港澳大灣區的瑰麗藍圖下，香港會獲得新一輪發展機遇，與內地之間的聯繫亦會更加緊密。

投身社團工作　做大灣區青年的"引路人"

早在多年前，我就已投身社團工作之中，2016年初，由於企業日常事務繁忙，我才漸漸退出大部分社團工作。可是，受到國家發展的感召，2016年下半年，我再次加入香港深圳社團總會，擔任深總第五屆會董會會長一職，在深總搭建的平台上我結識了許多志同道合的深港鄉親，每每參加活動，就好像與親人相見般溫馨親切。

上任以來，我積極推動深總內部進行改革升級，細分出涵蓋青年、婦女、義工、會員、公關宣傳、工商專業、文體、會務發展的八大功能委員會。形成了總會功能委員會、77個同鄉會功能委員會兩級

参加香港深圳社團總會活動

機制，前者向深總負責，後者向同鄉會及社團總會功能委員會負責。在這種交叉管理的基礎上，為社團總會營造更全面的發展態勢和更創新的發展局面，實現八方呼應、互相支持的協作格局。八大功能委員會根據各自工作內容、服務重心，打造出一個個極具特色的品牌活動，這樣的功能設置為深總注入了源源不斷的新動力。

為慶祝香港回歸20周年，響應國家大眾創業，萬眾創新的號召，2017年6月11日，社團青年委員會組織的“築夢未來”青年創業論壇在香港會展中心舉行。多位港深重量級嘉賓開展主題演講和沙龍對話，活動設置涵蓋香港及內地逾百項科技項目成果的科創展覽，吸引逾五千人入場參觀。活動的成功舉辦為兩地青年交流合作搭建平台，主動對接粵港澳大灣區科創合作、互利共贏，受到社會各界的廣泛關注。同年6月21日，近千名深港兩地的鄉親參加由社團婦女委員會舉辦的“慶祝香港回歸祖國20周年暨‘優秀父母’頒獎典禮”。此次三代同堂相

“築夢未來”青年創業論壇

家國情匯 香江 —— 復興夢耀中華

聚盛會，弘揚了愛家重教、尊長敬老、孝順和諧的正能量，成為促進社會和諧及培育年輕一代的重要基石。

此外，北京國情研習班、公關宣傳委員會啟用社團總會微信公眾號⋯⋯各項活動相繼開花結果，樹立了香港深圳社團的品牌與社會影響力。深總舉辦的每場活動，我都盡量抽時間參加，在幕後打點，希望讓更多的青年翹楚得以在香港深圳社團總會的舞台上綻放光彩。

作為香港企業家，我會將自己比喻作"引路人"，為植根在大灣區熱土的深港青年照亮尋夢、追夢、圓夢的前路，帶領深總的青年北上參觀深圳先進企業，實地了解其發展現狀，互相學習借鑒。我同時也是香港新來港人士服務基金會長，每年都會為新來港的大學生提供暑期實習機會，讓其到公司學習企業運作，增加工作經驗以增強自身競爭力，我更喜歡與他們打成一片，每逢聖誕節便共聚一堂，分享生活、學習、工作的點滴。

我希望可以以自身的成長經歷，激勵香港青年：青春不息，奮鬥不止，新時代為青年提供了更多機遇，亦蘊含更重的責任。青年應在服務社會中實現個人成長，在融入國家發展中實現自身發展，匯聚起香港和祖國共同進步的強大力量。

改革開放給了我騰飛的翅膀

文/ 詹耀良
浙江省台州市政協常委、香港浙江省同鄉會聯合會會長

　　我於1946年在上海出生，父母都是浙江台州臨海人。我父親在30年代就在上海辦了手套工廠，1948年又來到香港開辦了手套工廠，當時已初具規模。1950年，我隨母親遷居香港。1958年，由於經濟周轉問題，工廠停止營業。由於家裡兄弟姊妹眾多，生活很困苦。長兄榮良也出去打工，而我因為年幼，只能跟隨父親到家庭作坊加工生產。直到1968年開始，我和哥哥榮良一起又重新做起一家有一定規模的手套廠，也獲得了成功。70年代的香港躋身"亞洲四小龍"之一，正處製造業的鼎盛時期，銷售量一路看漲，我們的手套廠也日漸擴大。

抓住機遇回家鄉投資

　　1978年，內地改革開放的消息很快傳到香港。1979年，在港寧波籍的朋友邀請我一道去廣州參加寧波市招商活動，我第一次回到了內

地，當時還是從香港坐飛機飛到廣州參加會議。在這次會上，我和寧波外貿局聯繫了來料加工事宜。當時香港的各行各業都發展很快，造成人員大量不足，生產有了一定壓力。我萌發了到內地尋找發展機會的念頭。1980年，我受寧波外貿局的熱情邀請，到寧波正式投資手套廠，做來料加工生意，這也是我30年來第一次來到浙江。當時家鄉臨海統戰部、僑辦的領導來寧波找到我，邀請我回家鄉看看，做些投資。當時剛剛改革開放，我能真實的感受到當地政府對於改變落後面貌的迫切心情。作為一個在外多年的遊子，我看好中國未來的發展，我覺得此時正是回饋家鄉的時候。

於是，我便一個人從香港坐飛機到杭州，當時交通十分不便，從杭州到台州要翻過兩座大山，汽車足足開了9個小時才到臨海。1981年下半年，我在家鄉辦的臨海手套廠開張了。臨海地處浙江南部山區，不僅交通不便，當時的通訊和物資也極度匱乏，生產手套的所有工具，包括針線，甚至一張貼紙都要從香港運過去，而且內地的通訊還依靠打電報，如果從香港打國際電話去臨海很難接通，說話需要喊得很響對方才聽得到，好像在吵架一樣。香港的同事和朋友都覺得很難理解，這樣的情況下，我怎麼還會去內地投資。

雖說回鄉投資的過程十分艱難，但好在內地人力充足，生產成本低，因此生意紅火，一路擴張。我的手套工廠在當時的臨海頗有名氣，很多人都願意進來工作，就連縣長也經常帶客人來參觀。

但隨著我們出口貿易的大幅增長，浙江的工廠由於交通不便，產量不能滿足公司訂單的需求。於是，1987年，我將香港工廠整體搬遷到廣東東莞大朗鎮，在那裡建了20,000平方米的廠房，後又擴建了50,000平方米，職工最高時達到3,000餘人。

在內地的投資不僅推動了本地經濟發展，給當地提供了就業機會，也讓我有了每年回鄉走走看看的動力。當時臨海只有集體企業，工廠設備落後。不過，從1985年開始，內地就陸續出現了"個體戶"的經營模式。藉著"改革開放"的春風，我和著名企業家明丕白合資創辦了臨海第一家合資工業企業——有機玻璃廠，主營紐扣業務。小紐扣贏得了大市場，產品遠銷海外。這家玻璃廠正是知名上市企業偉星集團的前身。

捐贈教育　回報桑梓

我到家鄉走得多了，發現當地經濟有了發展，但教育方面特別是學校硬件軟件仍然落後。還記得1983年的冬天，那是我第一次回到老家臨海白水洋的界嶺村尋訪。由於剛剛下過雪，天氣很冷，孩子們沒有

詹耀良參加新中鎮中心小學興建"志山教學樓"奠基儀式

新中鎮中心小學興建"志山教學樓"落成典禮

保暖的鞋子，過坑坑窪窪的泥地時，他們踩著自己做的木蹺走路。當我來到村裡的小學時，眼前的情景讓我很吃驚，簡陋的小屋沒有窗戶，冷風直接吹著正在上課的孩子。因為天氣太冷，每個孩子抱著從家裡帶來的炭爐取暖。我感觸很大，心想要是我捐助一些錢，就能改善孩子們的學習環境。

第二年年初，我給界嶺村捐助了10萬港幣，希望村裡能夠蓋一所像樣的學校，讓孩子好好讀書。1985年下半年，學校建成了，以我父親的名字命名為"志山小學"。落成那天，我帶著年幼的子女一起去參加。我就對7歲的兒子說，你大學畢業後要來這裡教上幾年書。雖然兒子大學畢業後沒有來志山小學教過書，但在當時，我真的希望自己以及家人能夠在改變家鄉的過程中獻上自己的一份力量。小學落成後，當地的村民都很高興，孩子有了整潔明亮的教室，這對他們來說是一件大事。

台州中學是台州最頂尖的中學，培養了很多優秀的學生。可是到了上世紀90年代學校都沒有一棟像樣的教學樓，校舍十分破舊，於是

■ 詹耀良參加台州中學志山教學樓落成典禮

■ 詹耀良參加"台州學子助學金"發放儀式

我決定捐贈100萬元為學校建一棟像樣的教學樓。教學樓很快就建成了,同樣以我父親名字命名——志山教學樓。就這樣,我陸陸續續向家鄉的學校捐了2,000多萬元。

看好家鄉發展　加大投資力度

上世紀90年代,台州的發展速度加快,各地招商引資的力度加大了不少。我和好友區達雄先生認為是時候加大在家鄉的投資力度，一直計劃著帶些資金回台州繼續發展。

1993年我參加了臨海市政府在廣州的招商會。臨海招商團的領導與我見面，他們問我有沒有意向再投資家鄉，告訴我臨海市政府想另找地址新建大樓，將原先老的政府所在地賣掉。市政府大樓地處臨海中心地段，我預見將來定大有所為。當天，我就和臨海市政府簽下購買協議，以每畝100萬元（當時臨海房價僅幾百元一平方米）購得臨海老市政府所在地的23畝（15,000多平方米）土地的使用權。這件事傳回家鄉臨海，轟動一時。

1995年尾，臨海市新政府大樓正式啟用。當時整個台州都沒有什麼具有規模的商場，我覺得經濟發展了，市民必然追求更好的生活質素，一家大型的商場必不可少，於是我和區達雄先生很快便決定用這塊土地為家鄉建一座像樣的商場。建商場在當時絕對算個讓其他人匪夷所思的想法，我再次受到了來自身邊朋友的質疑和反對，就連頗有商業頭腦和眼光的明丕白先生也跑來質疑我，這麼大的商場做多少生意才能盈利？我說，日營業額20萬人民幣。他十分驚訝，認為一天銷售20萬根本就是天方夜譚。不過，我看到整個台州的經濟發展情況，還是決定冒這個風險。

就在質疑聲中，耀達百貨公司很快落成了，首層面積10,000平方米，當時在浙江省算最大。1998年正式開門迎客。開業第一天，臨海市萬人空巷，商場內外人山人海，場面十分壯觀。商場第一年營業額到達6,000萬，過年的時候日營業額到達100多萬，商場穩步向上發展，耀達百貨更是成為了台州家喻戶曉的品牌。

上世紀90年代末，台州的城市面貌仍然落後，沒什麼像樣的高樓。當時台州市政府希望能夠規劃一間四星級酒店，而我提出中國需要發展，台州商貿往來也越來越頻繁，不如一步到位，做個五星級酒店！

耀達酒店2000年開始規劃，造價成本近六個億，因酒店地處新區，銀行也不敢融資，我只能從香港真金白銀的帶到台州，我投入了這麼大的資金，希望能夠為台州打造一家地標性的酒店。酒店於2005年正式開業，剛開業時生意不算太理想，但在穩扎穩打的經營下，一年好過一年，四五年後，便開始有了盈利。

時至今日，我在內地創辦了18家企業，包括三間耀達百貨公司、三間耀達酒店和一家手套工廠，總投資約25億人民幣，創造了5,000多人的就業崗位，2017年上繳國家稅金1.3億元，而且，我在家鄉投資獲得的收益全部用於再投資。雖然我的企業規模都不算很大，但我認為對家鄉發展有一份貢獻，有一份愛鄉的情懷。

投身社團　建立 "台州之家"

說起擔任香港台州同鄉會的創會會長，這並非我自己的意願。上世紀90年代初，台州市委市政府多次邀請我成立同鄉會，將台州鄉友凝聚起來，在香港建立一個 "台州之家"。同鄉會成立之初，主要是聯誼，人數不多，大約五六十人。

1997年回歸之後，香港部分人對回歸仍有疑慮，我們覺得是時候站出來擴大 "愛國愛港" 的力量和聲音，為家鄉、為香港貢獻更多一份的力量。1998年，香港浙江省同鄉會聯合會（簡稱 "浙聯會"）成立，創會會長是李達三博士，我作為主要的創辦人之一加入，從此各市級同鄉會都在"浙聯會"的帶領下開展工作，包括組織香港各界參訪團，回到浙江各地參觀考察，為香港浙商回鄉投資創業牽線搭橋；在香港舉辦各類推廣浙江的文化藝術活動等等。

2015年起，我接任"浙聯會"會長。我認為，社團不能只限於聯誼，不僅要積極支持香港特區政府依法施政，為"愛國愛港"力量發聲，更要做好兩地民間交流的"彩虹橋"，尤其是青年之間的交流。

2015年，詹耀良接任浙聯會會長，舉行第九屆理事會就職典禮

詹耀良在浙聯會第九屆理事會就職典禮致辭

我時常往返於兩地，真是的感受到內地，尤其是浙江近年的發展速度，其實提供給年輕人很多平台和機遇；我也認識了許多優秀的浙籍青年，選擇到香港學習工作。我真心希望兩地青年能夠更多了解，締結友誼。今年，作為團長，組織了"青春飛揚·2018香港青年浙江行"活動，帶領近千名香港青年到浙江參觀考察，看到青年們收穫頗豐，我也異常高興。

結語

中國改革開放的40年，也正是我回鄉投資創業，事業不斷發展的40年。改革開放是一個偉大的決策，我是托改革開放的洪福，當年我在香港打下基礎，卻在內地成功發展。改革開放給了我一雙騰飛的翅膀，也讓中國經濟復興，讓世界刮目相看。

家國情匯 香江　復興夢耀 中華

融入國家發展大局　投身新一輪改革開放

文/ 蔡加讚
全國政協委員、香港各界扶貧促進會會長
香港廣西社團總會會長、旭日國際集團副主席

　　1978年，國家啟動具有劃時代意義的改革開放政策，打破堅冰，揚帆起航，勢不可擋，踏上發展經濟、強國富民的道路，大幅度地改變國家對工農業企業的管理方式，使之適應於現代化大經濟的需要，走上中國特色社會主義道路。趁著改革開放的大潮，旭日國際集團來到深圳投資辦廠，與國家一起進步。在深圳，旭日實業以相對便宜的價格取得工業用地，開設了研發部、工程部、塑膠注塑部、五金衝壓部等各個流程職能部門，具備了完善生產能力。此後，隨著公司業務量大增，廠房置地2,500萬平方呎，開發成一大工業園區。

　　由於享受國家的各種優惠政策，還有當時內地獨有的人口紅利，集團成長為全球最大的玩具製造商，為孩之寶、美泰等多個國際頂級玩具公司製造出數以千萬計的產品，分銷至世界各地，贏得"玩具王國"的稱號，也為集團擴大事業版圖打下雄厚基礎。香港1997年回歸

■ 旭日國際集團平湖廠房

■ 超過2500萬呎廠房，環境寬敞清幽

■ 旭日國際集團雇用約7萬名工人

■ 旭日國際集團位於韶關的廠房

後，成功實行"一國兩制"方針，香港既受惠於國家經濟的高速發展，又可以繼續實行回歸前的資本主義制度，保留本身的法律體制，成為內地和國際商務往來的一個橋樑。這種獨特優勢為包括旭日國際集團在內的香港企業創造了無限商機。

轉型升級　挺過金融危機

　　回憶我從美國南加州大學政治經濟學系畢業回港，進入旭日國際集團，主要負責人力資源及玩具生產業務。最開始的那一年也最艱辛，時值2008年爆發的金融風暴的惡劣影響正席捲全球，集團的玩具業務受到很大衝擊。2009年上半年的訂單跌約兩成，業界憂心忡忡，客戶也不敢進貨。我們有數以萬計工人，必須想方設法繼續生存。我感到自己肩上的責任重大，牽涉到幾萬個人、幾萬個家庭，所以，必須要把企業辦好。

近年，廣東省推動產業轉型升級、騰籠換鳥。旭日國際集團的玩具也緊跟時代變化，爭取引領潮流。當下市場的玩具需求已與舊時模式有很大不同，很多玩具都配合電腦、網絡或者其他科技手段一起使用，相比起傳統的塑膠五金玩具，更具吸引力。集團因此更加重視及配合客戶的這些需求，打造新型的科技玩具。

集團過去數十年始終堅持"質量第一、客戶至上、精益求精、提高效率"的原則，憑籍出口產品的優良質量與精準無誤的交貨期，在玩具業界贏得良好聲名，訂單也源源不絕。

現在，集團的理念強調為兒童和各個年齡段玩家帶來快樂，寓學於玩，啟迪智慧，引發對科學和未來的探索興趣。為達此目標，我們投入資金添置先進機械設備、檢測儀器，大量吸納各地專業人才，設立進行獨立研究、開發新玩具，專注於創造最前沿的尖端技術玩具，近年憑藉多個極具創意設計和科技含量的玩具，奪得多項國際科技大獎，進一步鞏固集團在玩具界的龍頭地位。

目前集團出口的產品，已由創業初期的傳統簡單玩具，發展到高科技含量的電子、電動玩具，包括聲控、互感智能的機械人、電子電動火車、遊戲機和各類遙控玩具，款式超過3,000多種。總員工約7萬人，產品銷往歐、美、亞洲等地區。固定客戶中有逾20家是歐美等外國知名公司，其中不乏世界最頂級玩具公司。

■ 旭日國際集團新研發產品"CHiP"獲香港工商業獎頒發"消費產品設計大獎"

背靠祖國　拓展港澳業務

不過，玩具行業始終都是一個勞動力密集、淨利潤比較低的製造行業，抗風險能力低。在內地改革開放的頭二十年，人口紅利和勞動力成本優勢明顯，玩具業因此從無到有，迅速發展。但進入新世紀，各方面的價格都快速上漲，包括工人薪資、運輸成本、原材料價格、稅收等，上漲速度驚人，不僅玩具業，幾乎所有勞動力密集型的製造業，都面臨巨大挑戰和危機。

同時，在國際上，2008年的金融危機之後，2012年歐債危機等接踵而來，導致全球經濟大衰退一直延續至2014年。香港經濟也因體量較小過分依靠地產和金融，在每次金融危機中都會受到重創。幸虧國家經濟不僅可以實現自身跨越式發展，更成為全球經濟增長的重要引擎，據世界銀行數據測算，2012年至2016年主要國家和地區對世界經濟增長貢獻率，中國達到34%，超過美、歐、日貢獻之和。國家始終關心支持香港和澳門的發展，先後推出"自由行"、"CEPA（內地與港澳建立更緊密經貿關係）"，及"一帶一路"和粵港澳大灣區等政策，極大力度地推動港澳與內地實現互惠互利、優勢互補、共同繁榮。旭日國際集團再次乘風而上，轉型應變，加速拓展房地產、高級鐘錶零售、酒店、汽車零售及維修、飲食、教育等領域的業務，為集團創造廣泛的發展空間。

　　集團的新興業務鐘錶業也是如此。為使業務發展更多元化，我於2010年收購喜運佳，開始進軍鐘錶零售界。喜運佳鐘錶集團於去年正式易名為"譽一鐘錶集團"，店鋪數量增加五倍至25間，分店遍布香港及澳門，代理逾40個世界頂級品牌名錶。其中澳門市場增長強勁，

蔡加讚積極參與慈善服務，向社會傳遞愛心

因為國家支持澳門建設世界旅遊休閒中心，其中來自內地的訪澳旅客，對零售業的支撐是相當明顯的。

熱心公益　回饋社會基層

我一直認為，旭日國際集團取得的每一個進步，都與國家改革開放提供的優良環境和龐大市場分不開。現在，粵港澳大灣區和"一帶一路"建設，對集團的業務開拓又發揮巨大推動作用。因此，在經商期間，我利用經常穿梭香港和內地之間的便利，積極推動香港與深圳、香港與廣西等地的經貿合作，及青年之間的交流，也常資助一些青年社團的學生和青少年朋友一同到內地各省市走訪、參觀。

我一直熱心社會公益，樂意抽出時間和精力，參與慈善服務，向社會傳達正能量，為貢獻香港社會作出一份綿力。目前我還擔任香港各界扶貧促進會會長及香港義工聯盟常務副主席，推動慈善和義工服務進入社區。2018年初，我當選全國政協委員，積極參政議政的熱情更高。作為新委員，我提交的提案多涉及粵港澳大灣區青年發展，包括設立創業園，給予年輕人較低租金和融資成本的支持；擴大三地職業資格認證範圍；呼籲出台相應政策、解決個人所得稅問題。香港是成熟的經濟體，意味著主要產業面臨人員飽和。而內地科創產業發展已超過香港，專業人才需求更多。我在很多場合都會強調，如今的香港青年一定要面向內地、把握機遇。融入國家發展大局，青年不能缺席。

2018年是國家改革開放40周年，旭日國際集團將全力支持香港商家、市民特別是年輕人參與"一帶一路"建設、粵港澳大灣區建設等國家戰略中，在推動香港融入國家的發展大局中發揮作用。

港人不應單從商業角度看待改革開放

文/ 鄭慕智
全國政協委員、保險業監管局主席
胡百全律師事務所顧問律師

改革開放最深的印象

我1950年生於香港，那時候我的國籍只可以是英籍，沒有別的選擇。到了1970年代，英國又把我們的身份改為英國屬土居民BN（O），我成為沒有居留權的英國海外國民，同樣是沒有選擇。一直到1997年香港回歸祖國，我終於堂堂正正成為中國籍公民。

改革開放如今已有40年歷史，如果問我對改革開放最深的印象，其實是1999年我應邀在天安門觀看國慶五十周年閱兵式，當我看到颯爽英姿的解放軍戰士高挺的身軀、整齊劃一的步伐，看到各式裝備精良的坦克、炮彈車列隊駛過，看到我們自己研製的戰機在天空噴出彩色尾煙……高聲唱起國歌，我的眼睛濕潤了。這場閱兵式，讓我看到改革開放中的祖國越來越強大，這種感受深深烙在了我心裡。

回想我第一次回內地，是陪太太參加廣交會。那時內地剛剛開

265

放，我們須在胸前別上絲帶襟花來證明自己的嘉賓身份，才能進入會場。第一次和內地深入接觸，是因為客戶和廣東電台合作，要求我一起參加商談。我們在廣州市開會，房間裡沒有空調，吊扇和燈是一體的，扇頁轉動起來，會形成跳動的光影。當時內地與香港的物質條件確實有差距。

改革開放以後，國家發展很快，內地變化很大。現在有些地方的基礎設施比香港還先進了。比如北京法庭已經用上全電子化庭審記錄系統，香港還是半電子化。

除了條件的改善，改革開放以後，我也明顯感受到國家經濟越來越活躍、政策越來越開放。作為胡百全律師事務所首席合夥人，我起初最直觀的感受是我們來自內地的項目越來越多，我經常要赴北京、上海、四川等地出差，競投內地的業務。1997年香港回歸以後，我們深

■ 2002年，鄭慕智出席胡百全律師事務所成都辦事處掛牌儀式

家國情匯 香江 復興夢耀 中華

感要在內地設立辦事處的迫切性，遂決定在內地開設辦事處，地點選在西部城市成都。設立內地辦事處給我的最大體會是：到內地投資或創業，配合國家政策，可以事半功倍。

當年，為配合西部大開發，我隨香港交易所到四川推廣西部企業來港上市，閒聊時跟商務廳的人談及設辦事處的想法，商務廳的人就把我介紹到司法廳，司法廳的人說："四川還沒有境外律所，你們來成都建辦事處，我們一定支持！"2001年，我們正式遞交申請，很快就拿到了批文，2002年我們的成都辦事處正式掛牌營業。後來，江蘇省也找到我們，三年後，我們在南京開設了第二個內地辦事處。

如今，我們非常切身地感受到國家越來越開放。獲准在內地建代表辦事處後，國家又允許我們和內地律所聯營，我們和北京中倫文德律所達成了合作，他們提供內地區域的法律服務，我們提供香港區域及涉外的法律服務，聯合服務客戶，聯營律所開進了超過12個內地城市。2016年，國家政策進一步開放，允許在廣東前海地區建立合資律所，我們又與中倫文德合資成立了中倫文德胡百全（前海）律師事務所，現在全國各地的生意都可以接了。

國家改革開放擴寬了我們的市場空間，我們當然是受益者，但更讓我自豪的是，改革開放也讓我們港人有更多機會為國家的發展做些實際工作。比如，我們在成都設立辦事處后，義務對四川企業、特別是"三線企業"赴港上市做了很多輔導和培訓，包括指導他們怎麼重組、怎樣跟投資者溝通等。因為這些企業多是在美國和香港同時上市，在美上市須用美國律所，所以除了其中一家企業外，我們並沒有真正參與它們的上市環節。但是我們依然很有成就感。

我們非常願意利用自己的專業經驗為內地企業建立現代企業管理

制度、融入全球經濟做點事。香港市場比較國際化，我們對市場經濟了解比較多一些，我們很願意與內地的企業分享這些經驗，幫助我們國家的企業更好地適應市場經濟，融入全球市場。

在改革開放初期，國家一些機構如証監會、上海及深圳交易所等，為上市公司組織獨立董事培訓班，促進他們對董事權責、公司治理及風險管理的了解及認知，我們也都積極參與，將自己的專業知識及執業經驗，與他們分享。

為國家發展建言獻策的機會，也是改革開放後才會發生的事

我們還有機會就社會治理、城市管理向國家建言獻策，這也是改革開放以後才會發生的事。

■ 2009年，鄭慕智出席北京市政協會議

家國情匯　香江 ── 復興夢耀中華

我擔任政協第十二屆全國委員期間，曾有一個提案：要改善並建立法院判決執行系統。因為我發現內地一些民事官司，雖然判決了，卻得不到執行，沒有實效，法律的震懾力打了折扣。顯然於法治中國建設不利。短短兩年後，時任最高人民法院院長周強邀請我們政協委員參觀內地的判決執行系統，就已經有了明顯的改變——我們可以看到，那些拒不執行法院判決的"老賴"高鐵也不能坐、飛機也不能坐。傳媒也有報道在張學友演唱會上都有抓逃犯，足見內地的法治環境真的改進了不少。

除了專業上建言獻策，我也盡量把香港的城市管理經驗帶到內地。我是北京市政協第十、十一、十二屆委員，交通擁堵是北京當時最頭疼的問題。於是我做了些調研，專門詢問了北京同事朋友的意見，自己在北京時也會留意觀察交通，形成了《關於治理北京交通擁堵狀況的綜合性建議》，被評為2007年北京市政協優秀提案。如今這份提案的很多內容都已經見到成效了。比如那時北京司機遭遇交通事故時的習慣做法是"保護現場"，打電話等警察來處理，經常會引來人車聚集，造成交通堵塞。而在香港，如果只是車輛的損傷而沒有人身傷亡，都是拍照後把車開到路邊協商解決。於是我的建議中就包括一條：在北京推行交通事故快速處理。現在很多北京司機已經很習慣這樣做了。

在我看來，香港這片彈丸之地，能有今日之發展，一個重要因素是每個人都願意付出時間服務社會、貢獻社會。如今香港回歸祖國了，我們不僅有責任貢獻香港、同樣也有責任貢獻國家。能夠把自己的專業經驗，或者是香港的城市管理經驗帶到內地，並且看到這些建議被採納，城市生活變得越來越美好，我感到非常快樂、滿足。

在新一輪改革開放中，香港還可以在為國家培育人才方面盡更多責任。

2018年是改革開放40周年，習近平主席曾明確表示要堅持全面深化改革，也公開表示會進一步擴大開放。我對國家繼續推進改革開放充滿期待。我現任香港保險業監管局主席，就以保險業為例：香港的保險市場是國際化市場，保險產品比內地多，可以更好迎合不同客戶的需求。因此，在允許外資獨立投資內地保險業同時，允許兩地保險業互聯互通也可以是繼續擴大開放的一個方向。可以在粵港澳大灣區先行先試"保險通"，讓大灣區居民可以自由購買香港的保險。可能有人會說，這會不會造成資產外流？其實是有辦法管理好的。我們可以打造一個保險資金的"閉環"，即時監控這筆保險資金在哪裡，當投保人提現時這筆資金就在這個封閉系統內回流內地，防止資金外流，這是完全可以做到的。

如今"一帶一路"建設如火如荼，很多內地企業在海外的投資都在增加。通過保險控制投資風險的需求在增加。如果國企可以在香港組建專屬自保公司的話，一方面可以利用香港的國際融資市場順利分保，從而降低企業對外投資成本。另一方面也可以利用香港的再保險專業服務更好地管控風險。

當然，香港人不應單從商業角度看待改革開放。在新一輪改革開放中，香港還可以在為國家培育人才方面盡更多責任。

比如，內地很多年輕人願意去美國、澳洲、英國等地留學，但是美國對錄取中國留學生已經有限額了，不知道其他國家和地區是否會效仿。其實，香港的幾所大學也有世界級的水平，在新一輪改革開放中，香港完全可以繼續肩負為國家培育人才的責任，成為年輕一代中國人開闊眼界、了解世界的平台。香港社會、香港的大學都應該有這個擔當，我們不能只著眼於為香港培養人才，而是要為整個國家培養人才。

另外，香港在國家改革開放中，既是貢獻者，也是受益者。香港要想把握國家繼續改革開放的機遇、融入國家發展大局，就要更了解國家。現在很多香港年輕人對祖國的歷史和現狀還不夠了解，甚至還有一些誤解，比如還有人以為只要賄賂法官就能打贏官司，現實當然不是這樣。所以我也呼籲創造更多機會讓香港青年了解祖國。不僅僅是去內地參觀旅遊，最好是能和內地年輕人一起生活一段時間，或者在內地企業實習一段時間，這樣才能有更深入的了解。

中國實行改革開放也好，搞"一帶一路"建設也好，並不是為了稱霸世界，而是為了貢獻世界。香港作為國家的一部分，也應該分擔這個貢獻世界的責任。未來，我們要更多關心國家發展、更多了解國家政策，利用自己的的智慧和經驗，繼續在改革開放進程中作貢獻。

改革開放國運昌盛　港澳台僑胞作貢獻

文/ 盧文端
中國僑聯副主席、中國和平統一促進會香港總會理事長
香港福建社團聯會永遠名譽會長

　　習近平總書記2017年"七一"視察香港時曾深情地說："香港同胞一直積極參與國家改革開放和現代化建設，作出了重大貢獻。對此，中央政府和全國人民從未忘記"。港人也從切身經歷中感受到，投身國家改革開放，成就了個人的事業，帶動了香港的發展。還要看到的是，兩岸關係能夠取得的歷史性巨大成就，從根本上說，都奠基於國家改革開放所帶來的發展進步；海外僑胞同樣是改革開放事業的見證者、開拓者、參與者和受益者，展現出中華兒女對國家富強和民族復興的一片赤子之心。

港人投身改革開放　全國人民從未忘記

　　改革開放的精神是什麼？以我親身的體會來說，是艱苦奮鬥的創業精神，是勇於開拓的創新精神！想當年，我在香港創業，自籌資金

營辦一家小廠，專攻錄音帶生產。那時，創業很辛苦，每天吃飯、睡覺都在工廠。不過因為年輕，有幹勁，自信心"爆棚"，企業也一天天發展起來。早期我的錄音錄影帶工廠在柴灣，1982年搬遷到鰂魚涌，但由於香港地方狹小，寸土寸金，人手短缺，工廠規模難以擴大。上世紀80年代，改革大潮湧香江，東方風來滿眼春。1984年，我藉改革開放熱潮到內地投資。第一步在廣東東莞設廠，由於地大物平成本低，更重要的是中央政策好，東莞的工廠規模不斷擴大。接著，我到家鄉福建投資設廠，進一步擴大生產規模。香港當時經濟發達，居亞洲四小龍之首，也是中國和世界接軌的橋樑及窗口。作為港商又是僑胞赴內地投資，我們從西方引進先進的生產線，將最新技術和先進的管理

2013年於辦公室留影

模式帶到內地，一步一步地將榮利集團發展成為全球規模最大的光、磁記錄產品生產廠商之一，我本人有幸被業界譽為"錄影帶大王"。隨著改革不斷深入，開放之門不斷擴大，我還向房地產進軍。80年代末90年初，我和幾位福建鄉親一起在家鄉石獅開發地產項目，打造石獅閩南黃金海岸旅遊度假村，又於香港回歸祖國之際，在江蘇鎮江合資興建了百盛商業城。這些項目都發揮了很好的經濟和社會效益。其實，最初到內地投資建設，也面臨不少困難，投資環境差，政策不完善，地方上經常多變難以適從。不過，中央堅持改革開放方針不變，不斷改善投資環境，讓我們堅定信心。而我們閩商，血液中更是與生俱來具有愛拼才會贏的基因，敢於克難闖關，取得了一個又一個佳績。國家改革開放40年來的親身經歷，讓我們切實感受到：港人投身國家改革開放和現代化建設，既為國家作出獨特而重要的貢獻，又成就了個人的事業，帶動了香港的發展；同時也讓我們深信：改革開放是實現中國夢的必由之路，只有改革開放才能讓中國人對美好生活的嚮往成真！

台胞參與改革開放　促進兩岸關係發展

改革開放的40年，也是兩岸經濟社會融合發展的40年，台灣同胞是見證者、參與者、受惠者。改革開放為台灣帶來很多發展機遇，使眾多台灣同胞得到實實在在的好處。改革開放推動與促進了海峽兩岸暨港澳的經濟交流合作，這些又為改革開放注入了新的活力。事實證明，沒有大陸的改革開放就沒有兩岸經濟關係的深化與發展。經濟交流深刻地影響著兩岸關係的發展，成為推動兩岸關係和平發展的重要

2002年獲頒銅紫荊星章。圖為時任香港特首
董建華為其授章

力量。鄧小平強調"發展是硬道理",指出中國解決所有問題包括台
灣問題的關鍵要靠自身的發展。習近平總書記也說:"從根本上說,
決定兩岸關係走向的關鍵因素是祖國大陸發展進步"。這是在發展的
基礎上解決台灣問題的戰略思想,是大陸制定對台工作大政方針的決
策基點。大陸改革開放40年,政治經濟日益強大,大國漸漸崛起,海
峽兩岸力量的對比發生了深刻變化。兩岸關係能夠取得的歷史性巨大
成就,從根本上說,都奠基於大陸改革開放所帶來的發展進步。儘管
由於歷史和現實的原因,兩岸關係當前面臨著一些新情況新問題,但

機遇與挑戰同在。只要我們保持定力，堅定信心，堅持改革開放不動搖，集中精力把自己的事情辦好，不斷提升自身綜合實力、國際地位和影響力，我們就能夠把兩岸關係發展的主動權牢牢掌握在自己手中，主導和引領兩岸關係的發展。我們要在改革開放進程中進一步擴大和深化兩岸經濟文化交流合作，促進兩岸經濟社會進一步融合發展，盡最大努力維護兩岸關係和平發展，積極推進國家統一進程。

華僑支持改革開放　赤子之心奉獻祖國

中國改革開放事業取得的偉大成就其實也離不開華僑華人的大力支持。海外僑胞同樣是改革開放事業的見證者、開拓者、參與者和受益者。華僑華人身體力行地推動祖國經濟社會發展，目睹祖國和家鄉一步步走向富強文明。中國有幾千萬歸僑僑眷、幾千萬海外僑胞。這既是中國的特殊國情，又是國家進行現代化建設的獨特優勢。縱觀歷史，海外華僑無論是戰爭時期還是和平時期，都一以貫之地為國家出錢出力作貢獻。他們在經濟上一般都有一定的實力；對祖國很有感情，願意報效國家；改革開放以來，中國的國際地位不斷提高，華僑對祖國的愛國熱情更是不斷高漲。上世紀80年代，正是海外華僑經濟發展最快的時候，中國的改革開放給了他們希望和契機，激發了他們的愛國熱情，使他們紛紛投資祖國，建設家鄉。改革開放以來，廣大海外華僑進一步感受到，他們的命運和祖國休戚相關。他們在祖國經濟發展、社會建設、文化交往等各個方面為改革開放作出了獨特貢獻。在國際政治舞台上，廣大海外華僑也發揮著重要作用。為維護中國利益，他們在反對"台獨"、反對民族分裂和反對"法輪功"邪教組織等鬥爭中，始終旗幟鮮明，立場堅定。這些都充分展現出中華兒女對國家富強和民族復興的一片赤子之心。

將改革進行到底　中國夢必由之路

習近平總書記指出，"改革開放是當代中國發展進步的必由之路，是實現中國夢的必由之路。我們要以慶祝改革開放40周年為契機，逢山開路，遇水架橋，將改革進行到底。"今天的中國，已進入強國復興新時代；今天的香港，已進入融入國家發展大局的新階段。國家推動的"一帶一路"戰略和粵港澳大灣區建設，是深化改革、擴大開放的重要舉措。我們港澳同胞、台灣同胞、海外華人華僑一定能夠在新時代改革開放的征程上，共擔民族復興的歷史責任，共享祖國繁榮富強的偉大榮光，為實現中國夢作出新的更大貢獻！

心懷家鄉　奉獻社團

文/ 盧溫勝

香港福建社團聯會榮譽顧問、香港寶源珠寶首飾有限公司董事長

　　我出生在福建石獅一個菲律賓華僑家庭，祖籍是福建省石獅市永寧鎮。從爺爺那一代起，我們家族就在馬尼拉從事珠寶生意，我在家鄉度過了童年時代，后移居香港，在香港讀書、工作、經營家族事業。回首過往的人生道路，雖然我的本職身份是個生意人，但在社團服務、慈善辦學、支持家鄉建設方面作了一點貢獻，這也是我為之驕傲的地方。

繼承母志　心繫家鄉

　　我的人生道路受母親影響頗深。我母親施鴛鴦，出生於福建晉江衙口鎮一個大戶人家，她受過良好的教育，為人善良、熱情。革命戰爭時期，我母親閱讀了不少進步書籍，深受共產黨抗戰救國思想的影響，她自願為地下黨組織做了不少接頭、宣傳、服務的工作。解放後

人民政府為了表彰她為革命作出的貢獻，頒發給我母親一本"五老榮譽證"，證書上寫著"施鴛鴦同志於解放前參加過革命工作，為祖國解放事業作出一定貢獻。"這是很大的榮譽，我母親一直以此為榮！

1959年，我母親移居香港，仍心繫家鄉發展，她擔任晉江縣僑聯委員期間，為家鄉創建子英醫院、永寧華僑中學籌款事宜積極奔走。上世紀50年代末，國家經濟十分困難，我母親與家鄉領導一起，積極動員在港同鄉捐贈化肥等物資支持家鄉農業生產。這一切我看在眼裡記在心上，暗暗下決心要向母親學習，做一個對家鄉有貢獻的人。

我在香港讀完英文專科學校之後走上社會，事業上小有成就，但我並未滿足於此，而是把大部分時間精力用在服務福建社團、助力家鄉經濟建設、慈善辦學等社會事務上，母親的精神一直鼓舞著我，我希望像母親那樣，心懷家鄉，行善不倦。

借改革開放之力　助家鄉經濟建設

上世紀80年代，正值舉世矚目的改革開放初期，對國家、對民族來講都是一個巨大的轉變，包括我在內的一批在港鄉親都激動不已，懷著期待的心情時刻關注著祖國的發展形勢。1988年，時任泉州市委書記到訪香港，他與我們一眾福建籍鄉親見面傾談，跟我們傳達了國家改革開放、大力發展經濟的思想，希望我們能支持家鄉經濟建設，我們聽了深受鼓舞，覺得期待已久的回報家鄉的機會終於來了，當即表示支持。王為謙、施子清、楊孫西、李群華及我等八位福建籍同鄉決定合資成立以振興家鄉經濟為宗旨的"運通世紀集團有限公司"去泉州做房地產開發。那時內地商業地產開發基本處於空白地帶，前景並不明朗，但我們沒有絲毫猶豫。1989年9月，公司籌集了1,700萬資金，全部投入到與泉州鯉城區合作開發的420畝工業及商業住宅項目泉秀花園及成洲工業區中，成為泉州市第一家成片開發的項目。項目落成之後，大受歡迎，帶動了泉州以至福建省的外商投資熱潮。如今，泉州已經發展成一個現代化城市，再也看不出幾十年前市中心還是一片水田的模樣。

改革開放讓內地人民變得富裕起來，這一點，我有切身體會。我的家族生意是珠寶批發，1922年就在菲律賓馬尼拉成立了"寶源金舖"。珠寶是貴價物品，購買者都有一定的經濟實力，以前我們的顧客大多是港人及外籍人士。改革開放後，國家經濟實力大幅提升，人民收入大幅增加，這些年我陸續在內地開設了17家珠寶店，生意都不錯，這完全得益於改革開放，因為，老百姓手裡有了閒錢才會想到買珠寶。

■ 1993年福建省赴港招商簽字儀式

家國情匯 香江 — 復興夢耀中華

今年已經是改革開放40年，最早期，我們懷著回報家鄉的心態投資內地，可是祖國經濟的快速發展給我們帶來了意想不到的巨大回報。可以說，港商投資內地推動了改革開放、貢獻了國家，同時也令香港成功轉型為國際金融中心，體現了"香港好、國家好，國家好、香港更好"這一利益相連、禍福與共的根本道理。

慈善辦學　回報桑梓

我們福建人有濃厚的尊師重道、熱愛家鄉的優良傳統。我並非巨富商賈，但也想竭盡所能為家鄉做點事。

猶記得小時候，每到節慶，母親都帶著我們把大包小包、吃的用的、錢糧財物往家鄉寄。1979年，我隨母親回家鄉，從香港帶回了全村唯一一台彩色電視機，整個村的鄉親都涌到我家看電視，像過節一樣熱鬧。那時內地和香港的經濟差距著實不小，鄉親們的生活條件還很落後。懷著"改善家鄉設施"的想法，上世紀80年代，我和盧文端等幾位家族親屬一起，合資捐建環村公路，又參與捐建永寧中學新校舍大禮堂、石獅市體育中心、晉江市機場、武夷山機場等項目。

"百年大計，教育為本"，我們一家都支持關心家鄉的教育，我母親是石獅市永寧華僑中學的創校校董。以前經濟困難的時候，福建很多地方的孩子讀完小學就沒有書念了，因為中學數量很少，所以政府就出面爭取華僑回鄉辦學。我和堂親盧祖蔭商量了一下，決定共同出資在家鄉石獅興辦一所民辦學校。2002年，學校正式落成，名叫"石獅市中英文實驗學校"，現在這所學校已經有4,000多名學生，佔地一百多畝，還在不斷擴建中。我們開辦的這所學校是非營利性質

■ 2011年，盧溫勝與石獅市中英文實驗學校
行政人員合影

的，所有收入我們分文不取，全部用於擴大校舍，增加教學設施，引
進教師人才等。現在，我仍不時回學校探望，關心學校的教學，以及
看看學校發展情況。

積極投身社團活動

我1962年從內地遷居香港，在香港度過了人生中的大半歲月，香
港就像我的第二故鄉。我愛福建，也愛香港，我參與了一些社團事
務，以期為在港閩籍鄉親、為香港社會盡點力。

1984年，香港晉江同鄉會籌建，在已故僑領莊材雁先生的推薦下，我擔任籌備委員會成員。心裡懷著做好社團工作的熱忱，積極努力地推進籌備工作，得到了大家的認可，繼王為謙先生、施子清先生後，我接任香港晉江同鄉會第五屆會長。香港晉江同鄉會對祖國的改革開放事業，家鄉的文化體育、醫療衛生、辦學公益，對於港澳的穩定繁榮都作出了應有的貢獻，被認為是香港閩籍社團中最活躍、最有貢獻的鄉會之一。

　　1997年，適逢香港回歸祖國，為了慶祝這一偉大時刻，香港福建各界於1996年成立了慶祝香港回歸祖國籌備委員會，我擔任秘書長。同時，為了更廣泛地團結閩籍鄉親，實現閩籍社團的大聯合大發展，在黃光漢先生的倡導下，在港閩籍社團決定籌備成立福建社團聯會，我是籌備委員會負責人之一。經過緊張忙碌的前期籌備，1997年5月8日，香港福建社團聯會由香港閩籍社團的5個發起會和12個贊助會共同發起商議成立，我被推舉為秘書長。

　　香港福建社團聯會成立之初便旗幟鮮明地表達了愛國愛港的堅定立場。非典期間，聯會與多個工商社團一起，發起"香港是我家——支持前線醫護人員"活動，為前線醫務人員頒發紀念獎章、慰問金、鼓勵香港市民重拾信心。

　　2017年，為了慶祝香港回歸祖國20周年，香港各界慶典委員會在紅磡體育館舉行"紫荊綻放二十載——香港各界慶祝回歸20周年合唱大匯演"，我是全港總召集人，也是福建社團召集人。參與匯演的一共有12個愛國愛港團體，每個團體有80-120人不等，每個團體演唱兩首歌，共24首歌曲，分為"美麗中國"、"祖國和我"、"共築中國夢"三部分。雖然全部都是歌唱節目，但因為我們的服裝、表演形式各有千

盧溫勝在晉江同鄉會上發言

秋，整場演唱會氣勢磅礴、感人肺腑，受到了觀眾的一致好評。

在香港發生非法"佔中"期間，福建社團聯會發起支持"和平普選"、"8·17反佔中大遊行"活動，我擔任本次活動總指揮，積極組織大家參與此次活動，走上街頭，表達和平心聲。

香港是個多元化社會，多年的社團工作使我看到不同人群間的差異，我痛心於部分青少年被極端政治思想影響，希望通過社團工作改變他們的想法。近年來，國家出台了一系列惠港政策，從經貿、金融、科技、教育、旅遊、粵港合作等各方面助力香港發展，顯示了國家對香港的關愛，這是母子間血濃於水的關係。在未來的發展中，香港應該和內地一起，"共擔民族復興的歷史責任，共享祖國繁榮富強的偉大榮光。"只要我們心中懷有堅定的理想，沒有誰能阻擋我們前進的腳步。

家國情匯 香江——復興夢耀中華

大愛惠澤社群　至誠報國利民

文/ 譚錦球
全國政協常委、香港義工聯盟主席

　　40年改革開放風起雲湧，波瀾壯闊。中國快速崛起，世界驚豔。以1978年十一屆三中全會為標誌，"總設計師"鄧小平創造性地開啟改革開放的偉大歷史進程；2017年底的十九大，新一代領導核心習近平總書記帶領國家踏上全面深化改革新征程。中國經濟屢創奇蹟，通過改變自身而影響世界。香港作為中國連接世界的橋樑，既是內地最大的直接投資者，也把大量外資引進內地。回歸後，中央透過"自由行"、"CEPA"等政策，為香港經濟不斷輸送發展動力。

　　40年的歷程令人感慨萬千，風風雨雨都是那樣刻骨銘心，終生難忘。1978年，剛滿16歲的我一邊求學，一邊培養經商能力。我認為做人要有志氣、有抱負，從年輕的時候開始，就要培養吃苦耐勞、勤奮實幹的品德。剛開始經商，我憑著拚搏和毅力做出一點成績，這令我在日後打拚事業時更具信心和鬥志。

懷抱創業報國心

1979年，我懷抱一顆拳拳報國之心，率先返回廣東東莞投資，發現內地交通不便，港人回東莞一帶都須先在深圳火車站住一晚，於是買了一輛在香港俗稱"大白鯊"的小轎車，經營的士生意，接載港人由深圳往東莞、番禺、廣州等地。結果生意出乎意料的好，在短短三個月後便買下第二輛，半年內共購置了四、五輛，一年後就成立了的士公司，打下經商基礎，從而開始涉獵不同生意，辦實業開工廠，包括鞋廠，以及電子、軋鋼、水泥、餐具等工廠，高峰期僅東莞就創辦有逾30家企業，僱有員工逾萬人。

40多年來，我先後在內地投資達數十億元，目前擁有一個具規模

■ 2006年12月，譚錦球出席香港廣西社團總會成立典禮

家國情匯 香江 ——復興夢耀 中華

的跨國企業集團。在國家不斷取得輝煌成就的同時，我的事業亦不斷發展壯大，我可算是改革開放的最早受益者，個人的成功源於國家的好政策。古人云：“窮則獨善其身，達則兼濟天下。”我時常鼓勵自己，必須感恩國家，回報社會。這些年，除堅持不懈地在內地和香港為公益慈善事業捐資捐物外，更把大部分精力投入社團工作。在這裡，我僅簡單回憶和總結在香港廣西社團總會、香港義工聯盟，以及香港各界扶貧促進會的工作。

聯誼桂港鄉情　熱心回報桑梓

1990年代初，我把投資重點轉移至我的祖籍地廣西，也親身體驗到當時當地人民生活的艱辛。儘管那時我的事業剛剛起步，但仍盡力多做公益慈善，十多年共捐助4,000多萬元，建設了多所小學，每年資助150名貧困兒童上學，向受水災的梧州等地捐款支持重建等。

一年冬天，我到全州縣兩河鄉敬老院看望孤寡老人，敬老院的條件十分清苦，我當場捐出數萬元現金為全院老人添置過冬衣服，事後再出資為該敬老院翻新院舍。為幫助當地寒門子弟順利完成在大學的學業，我在廣西大學、廣西農業大學設立譚錦球教育基金會，連續十年為兩個基金會各注資100萬元。

一次參加廣西政協會議時，一所山區學校的老師特意來找我，提及校內有個成績優異的小學生患上腎炎，但家境貧窮沒有錢醫治，學童只能留在家中“等死”。我聽到後很心痛，馬上為該學生安排做手術，為他支付全部醫療費用。後來他考上大學，我也資助他的學費，暑假又讓他到公司實習，此後很長時間我們都保持著書信聯絡。

但我也意識到，需要幫助的人很多。一個人的力量畢竟有限，而且捐贈只能解決暫時的困難，要徹底改善民眾的生活狀況，必須使廣西經濟得到持續發展。於是，我充分利用香港廣西聯誼總會作為實踐回報社會理念的平台。2004年，更被同仁推舉出任該會會長。初接重任，我感到責任重大，把發展會員作為第一要務來抓，在同仁們同心協力支持下，聯誼總會會員迅速發展到4,000多人。會員們通過聯誼總會牽線搭橋，組織了200多個港澳台以及日本的工商界人士考察團共2,000多人，到廣西參觀、考察、投資，投資額高達數億美元，對廣西的外向型經濟發展起到積極促進作用。同時，會員們也在廣西的扶貧、救災、助學等公益事業方面做了大量的工作。

　　會務蒸蒸日上，贏得廣泛認同，但我並未就此滿足，因為發現香港雖有不少廣西社團，但長期以來各自為政，並沒有很好地團結起來

■ 2014年6月，香港義工聯盟舉行成立儀式，時任特首梁振英向譚錦球頒授會旗

發揮集體優勢，綜其原因就在於缺少一個具有強大凝聚力的機構，故未能把這些社團好好地整合起來，於是產生了建立廣西社團總會的想法。在我的倡議下，在港廣西籍人士和廣西社團紛紛響應。

2006年12月18日，香港廣西社團總會正式成立，標誌著香港廣西各社團的大團結、大發展、大進步。大家一致推選我擔任總會首任會長。更有幸獲中央有關部門領導和香港特區政府有關官員前來出席慶典儀式。時任特區立法會主席范徐麗泰、時任全國人大常委會香港基本法委員會副主任梁愛詩等一批德高望重的政界名流應允出任榮譽會長，令我信心倍增。

香港廣西社團總會秉承凝聚鄉親力量、加強桂港合作、維護香港繁榮等宗旨，自成立後，創建及扶持了廣西14個市的同鄉聯誼會，擁有屬會25個，骨幹成員及會員幾年之間就發展到逾四萬人，共舉辦超過一百項主要活動，包括北京訪問團、工商考察團、青年交流團、婦委訪問團、慶回歸大巡遊等，使大家得以深入認識祖國和香港，並鞏固了內部團結，從而增強了會員的凝聚力和歸屬感。

為使總會繼續保持活力，實現可持續發展，我對營運規則進行大幅度改革，其中最重要的有兩條。一是倡議由各級政協委員擔當社團的領軍人，保證社團愛國愛港，服務香港和國家。二是規定了會長的任期：只可連任一屆，每屆兩年。希望通過主要負責人的適時更換，可以讓更多有才華有實力的會員，能夠有機會盡快晉升，在會務中發揮領導作用。在這個安排下，我於2009年卸下會長之職，先後由王惠貞、鄧清河任會長，現任會長則是本會的後起之秀蔡加讚。在他們三人的領導下，總會得到更加迅猛的發展，目前會員人數已突破十萬，成為香港一支重要的愛國愛港力量，也是桂港加強交流合作的重要橋樑。

2015年7月，譚錦球與時任特首梁振英、時任中聯辦主任張曉明等出席義工聯盟舉辦的全港義工服務日活動

胸懷一片丹心　惠澤基層社群

　　古代聖賢們推崇做人要"立德"、"立功"、"立言"，樹立高尚的道德，為國為民建立功績。也許，普通人難以達到古代聖賢那種高度，但還是可以努力修身正己、完善自我，以仁愛之心投入社會公益、報國利民。一個真正的成功人士，除了要能在事業上取得成功，還要能心懷天下、關心他人疾苦、造福百姓。作為一個社團領袖，更要樂於付出、勇於承擔、不計回報。

　　在內地投資和做公益的同時，我也十分關注香港社會的變化。由於回歸後香港特區政府一直奉行"小政府、大社會"的公共行政政策，因此社團在香港社會的角色越來越吃重。經過仔細研究，我認為要服務市民，幫助弱勢群體，做義工乃最佳途徑之一，於是便和一批熱心公益的工商界人士，包括各地的政協委員，還有香港廣西社團總會的一些老朋友共同發起，最初由24個義工團體，組建了香港義工聯盟。

2014年6月15日，香港義工聯盟於尖沙咀文化中心廣場舉行啟動禮，正式成立，以“扶持弱勢社群、傳播關愛文化、團結及凝聚香港各界義工團體及組織、支持特區政府依法施政、維護香港繁榮穩定”為宗旨，致力於推動跨界別緊密合作、靈活分配與運用社會資源，促進義務工作創新和持續發展。

啟動典禮之後，義工聯盟架構成員分頭帶領不同義工團隊，走訪全港各區，探訪基層家庭，以實際行動開展首個“社區服務日”活動，並向6月生日的一千個低收入人士送出愛心蛋糕與祝福；當天，聯盟的義工隊在全港十八區開展多元化的義工服務，對象覆蓋老、中、青、幼不同年齡層，受惠人數約兩萬人，獲得了不少良好反響。

為做好義工聯盟及其他社會公職的工作，我把企業進行重組，交給家人打理，以便騰出更多時間。令人欣慰的是，自成立以來，義工聯盟不斷發展壯大，已經形成“全港義工服務日”、“傑出義工嘉許禮”、“關懷青少年系列活動”等三大品牌活動，每年都會緊貼基層市民需要，開展多種多樣的公益及義工服務計劃，不斷為香港社會輸送更多正能量，讓“以生命影響生命”的義工精神和價值觀得到彰顯和弘揚。

2018年剛滿四周歲的義工聯盟，現已匯聚41個義工團體、700支義工隊伍，共逾十萬名義工。這些來自不同階層、不同年齡的義工兄弟姐妹，一同為弱勢社群送上關懷溫暖，把義工服務的觸角延伸到社區的每一個角落，四年來已有多達200萬名基層市民受惠。助人為快樂之本，施比受更為有福！不論春夏秋冬，聯盟的義工們風雨無阻，活躍在港九新界，他們付出時間、精力甚至金錢，服務社群，安老助弱，還參與環境保護活動，不僅給社會各階層送去溫暖，提升社區治理能力，更大力支持政府依法施政，維護社會安定。

對我個人來說，雖然做社團工作事無大小總需親力親為，但可以得到社會的認同和各義工團體的支持，一路上還有一班志同道合的好兄弟相互扶持，凡此種種都是推動我努力前行的巨大動力。

針對香港的反對派勢力策動非法"佔中"、旺角暴亂，以及立法會就職宣誓辱華等一系列反中亂港事件，香港義工聯盟也積極為愛國愛港陣營發聲。於2016年10月23日下午，我代表聯盟出席了"反辱華·反港獨"大聯盟新聞發布會，並作為副召集人發言，譴責部分立法會

■ 2018年1月，譚錦球與香港特區行政長官林鄭月娥，以及蘇長榮、龔俊龍一起出席香港義工聯盟傑出義工嘉許禮

議員發表辱華言論等違法行徑。隨後，我和聯盟架構成員先後出席"反港獨・撐釋法"大聯盟於立法會外發起的大型集會，表達對港獨破壞法治的不滿，全力遏止港獨主義滋長。

參與精準扶貧　助力民族復興

改革開放40年，華夏神州翻天覆地、滄海桑田，取得史詩般的進步。習近平總書記高瞻遠矚，提出實現"兩個一百年"奮鬥目標、實現中華民族偉大復興。為此，習總書記親自提出推動打贏脫貧攻堅戰的國家戰略，決心要在2020年以前，使中國最後約3,000萬極貧人口脫貧，從而終結中華民族千百年來存在的絕對貧窮問題，全面建成小康社會。

國家興亡，匹夫有責。包括我們港人在內的全球華人，都應該承擔起這一共同使命和責任。2018年"兩會"期間，我和港區全國政協委員林武、王惠貞、蔡加讚、黃少康等人聯名，提交名為《發揮香港各界人士在國家扶貧攻堅戰中作用》的提案，得到中央、全國政協和國務院高度重視，獲列為重點提案。得到大家信任，由我牽頭，籌組以港區全國政協委員、人大代表及各省市政協委員和工商企業家為主體的香港各界扶貧促進會。

經國務院扶貧辦推薦，香港中聯辦和四川省商議，促進會把四川革命老區巴中南江縣定為首個精準扶貧工作點。尚在籌建中的促進會，三次組團考察研究，並於2018年5月11日在成都市與巴中南江簽署《合作備忘錄》。雙方共同制定產業、教育、醫療等領域共18個精準扶貧項目，由促進會首期籌集扶貧資金一億元人民幣，首先推動南江

■ 2015年7月，譚錦球與義工聯盟常務副主席蔡加讚、王明凡、馬浩文
一起向基層家庭贈送牛奶及福袋

黃羊養殖產業扶貧等項目，幫扶南江縣在2018年完成總共45個村、19,500人的脫貧任務，終極以實現整縣脫貧，摘掉貧困縣"帽子"為目標。

　　2018年6月23日，香港各界扶貧促進會在香港舉行簡單隆重的成立酒會，宣告正式成立，我擔任召集人兼監事長、全國政協委員蔡加讚擔任會長、全國政協委員蘇長榮擔任主席。促進會的扶貧工作從此踏上正軌，在南江開展的各個扶貧項目全面推進中，成果令人鼓舞。至7月底，已為當地白內障、青光眼患者實施多達90例復明手術；在25個村內組建了照顧留守兒童的"童伴之家"；選出500名家庭有困難的學生，從7月起按照每生每月200元的標準發放助學金。8月底，促進會捐助3,000萬元人民幣和南江縣共同設立支持南江黃羊產

家國情匯 香江

復興夢耀中華

業的扶貧產業基金簽署協議，以帶動全縣1,500戶貧困戶通過發展南江黃羊產業增收致富。

國務院扶貧辦、港澳辦2018年8月底就上述聯名提案給提案委員們回覆意見時，高度讚揚提案的社會意義，並讚揚香港社會各界參與國家扶貧攻堅戰的熱情，充分肯定促進會短短四個月時間就在南江精準扶貧取得階段性成果，並希望促進會能夠成為港人參與精準扶貧的典範。

在內地的扶貧過程中，促進會將嚴格按照中央"扶貧對象精準、項目安排精準"等要求，注重培育當地優勢特色產業，重視智力扶貧、技能培訓，引入國際先進管理經驗，腳踏實地取得扶貧成果，進一步彰顯港人的同胞大愛和家國情懷。

作為香港本地的非牟利機構，在心繫內地貧困民眾的同時，促進會也將關注香港的貧困問題，配合和支持政府扶貧舉措，援助本港基層弱勢群體，力爭讓全體市民共享經濟成果。

2018年6月，譚錦球在香港各界扶貧促進會成立儀式上講話

展望未來　任重道遠

昔日歲月崢嶸，道路坎坷，40年改革開放也是40年的探索和奮鬥。因為在公益及社團等方面的工作取得一定成績，我於2005年榮獲世界傑出華人獎，2010年獲香港特區政府頒發香港太平紳士（JP）榮銜，2014年獲頒香港特區政府銀紫荊星章（SBS）榮銜，這些榮譽既是對我的鼓勵，更是鞭策。

內地的深化改革已經起步，香港正在融入國家發展大局中，"一帶一路"倡議、粵港澳大灣區建設，賦予香港前所未有的機遇，我們一定要好好珍惜和把握，團結各個愛國愛港愛鄉社團的廣大會員和全港市民，堅定不移地支持特區政府依法施政，堅定不移地踐行"一國兩制"方針，堅定不移地維護國家主權和統一，為民族復興偉業作出更大貢獻！

達則兼善天下　開啓人生新格局

文/ 龔俊龍
全國政協委員、香港廣東社團總會執行主席
金龍集團董事會主席

　　30年前我立志創業，不斷跨越挑戰，順應改革開放大潮，在一眾工作夥伴的支持下，成功打造了頗具規模的商業王國——香港恆裕控股集團有限公司和深圳市恆裕實業（集團）有限公司。在力圖創造輝煌的同時，我常常提醒自己要秉持赤子之心，回饋國家社會，多年來捐資共超過20億元人民幣，希望可將善業種子遍灑香港及神州大地。此外，我也積極投入公職，身兼港區全國政協委員、廣東省政協常委、香港廣東社團總會執行會長等多職位，藉以為社會盡一份力。

順應潮流　立志創業

　　南海之濱，毗鄰港澳，介於深圳與汕頭兩個經濟特區之間有一個著名的文化和港口古鎮——甲子鎮，據說因港門有六十塊礁石而得名。甲子鎮現屬廣東省汕尾市轄下縣級市陸豐轄鎮。我生長於陸豐甲子鎮裡，自幼見證著甲子人崇文尚武的精神，和有敢為天下先的性格，耳濡目染之下，也養成了勇於嘗試創新的個性。

1977年，我有幸進入甲子鎮的一間五金塑膠廠當採購員，因為工作勤奮，表現得到賞識，獲擢升為副廠長。國家實行改革開放後，1980年8月深圳經濟特區正式成立。1981年，我獲當時的陸豐縣商業局派駐深圳從事採購工作，之後，轉職至深圳市海鵬進出口貿易公司。

多年來，我靠著拚搏節儉，再加上親友的支持積攢下一筆資金，在1982年我毅然地邁出人生創業的第一步，先是在深圳東門北路購置一處物業，開辦深圳金龍絲綢商場，從事的是絲綢和服裝的進出口貿易業務。其後於1991年成立深圳金龍絲綢實業有限公司，購置廠房，設立數間大型服裝生產廠，員工多達一萬多人，實現了原料和成品加工內外貿結合的一條龍貿工體系。

1992年，我開始進一步拓展生意版圖，向跨領域行業邁進，從絲綢和服裝貿易拓展至包括酒店服務業、空調電器、房地產開發、鐵礦開採等等，1995年更跨境設立香港財務集團有限公司和金龍物業發展有限公司。

從年紀輕輕踏入社會工作開始，我事事不甘人後，力求奮發圖強上進拚搏，憑著始終如一的誠信，逐步成長為一個企業老闆。經歷了三十多年的發展，恆裕集團至今已發展成為涵蓋金融、房地產、礦業、酒店、貿易、商業、物管等多領域現代大型綜合性企業。

改革開放40年來，不僅全面改變了中國，也深刻影響了世界，是中國和世界共同發展進步的偉大歷程。自己身處在這個偉大的時代中，可以說改革開放也深深影響了自己，因為正是有了改革開放，自己才能放開腳步，敢於拚搏、勇於開拓，才有了今天屬於自

家國情匯 香江 ｜ 復興夢耀 中華

己的輝煌事業。

善業之果　偏布各地

　　在人生事業不斷攀向高峰的過程中，我時刻提醒自己勿忘赤子心，深明自己財富的累積，並非只憑一己之力，更應歸功於偉大的祖國、偉大的改革開放。在人生事業發展的道路上，始終離不開家庭的支持和親朋好友的幫助，也離不開父輩、鄉賢、上司的熱切期望和鼓勵。滴水之恩，當湧泉相報。正所謂"取諸社會、用諸社會"，我期望通過做公益的方式回報家鄉和國家。

　　2006年，我便與多位成功人士自發在家鄉甲子鎮成立了"甲子民心工程理事會"，籌集1,500萬元新建了長3.16公里、寬40米的甲子瀛江大道。除交通建設外，在醫療衛生方面我亦於2008年捐資800萬元建設

■ 捐資建設廣東省陸豐市第二人民醫院

"廣東扶貧濟困日"捐款

甲子人民醫院住院部並購置部分醫療設備；2016年再捐資100萬為甲子
人民醫院購置醫療設備；在公共事業方面，早在1993年曾出資2,300萬元
幫助修建南京市漢中西路西通工程，1994年更榮獲南京市政府授予"榮
譽市民"稱號。

　　十多年來，我亦先後多次捐助香港數十個愛國愛港社會團體（包
括香港廣東社團、香港汕尾總商會、香港義工聯盟等）的辦公及活動
費用，希望這些團體有充足的財力保證，在維護香港繁榮穩定中發揮
重要的作用。在救災方面，2008年汶川地震，我共計捐款及物資達
500多萬元；2013年9月，特大颱風"天兔"襲擊陸豐，捐款600萬元。在
扶貧濟困方面，2011年起每年的"廣東扶貧濟困日"，捐款1,000萬元，
2016至2018年每年慈善捐款一億元；同時，每年還為家鄉漁民在休漁期
間購買大米、食用油等物資渡過難關；每年為甲子鎮的貧困漁民和農

民購買醫療保險。有時候，困難群眾到醫院看病，確實交不起錢，我得知後，往往立即派人前去付款。

為回應習近平總書記提出要深入推進扶貧開發，幫助革命老區困難群眾實施精準扶貧、精準脫貧的號召，我的慈善事業也以精準到位為本，因而捐款兩億元自發成立"龔俊龍教育基金"。2018年捐資36,000萬元建設總建築面積近8萬平方米，有五百多張床位的陸豐市第二人民醫院，以解決三甲地區的鄉親看病及"因病致貧"的問題。

作育菁莪　培養人才

出外打拚多年，身心一直依戀著故土鄉情，與家鄉、與親友的交往聯繫從沒間斷。眼見家鄉發展相對落後，我頓感憂心，我們那一代人因為貧窮，所以很多人沒錢讀書，不能讓我們的下一代走回老路，繼續貧窮下去了。但要徹底脫貧，唯有大力發展教育事業，於是我開始在家鄉捐建學校，多年來為家鄉的教學事業捐資達到了3億多元人民幣。

2015年，我和太太林嬋娟全資捐款25,000萬元建成了廣東省甲子中學，希望造福家鄉無數的莘莘學子，同時也成立專項教育助學基金，資助成績優異學子。這次捐款更榮幸地成為當年廣東省自開展"扶貧濟困日"以來，一次性捐款最多的金額。

除甲子中學外，我開始將注意力延伸至家鄉的其他十幾所中小學去，為甲子二中、原甲子中學初中部、高中部、甲子一小、甲子兩東小學、陸河田家炳小學等學校的新建、翻新，維修教學樓、教師和學生宿舍、圖書館、操場，添置教學設備、綠化、整治環境等等，捐款資助和贈送儀器設備。

為激勵優學，我於2016年設立“龔俊龍先生獎學金”，當年發放獎學金28萬7千元，2017年獎學金增至73萬2千元，每年的教師節我都會親自返校參加頒發獎學金的儀式。2018年4月，我又捐資4,000萬助力海豐縣澎湃中學提質升級。

　　為了提升家鄉教育質素，除了出錢外，我希望能夠參與更多，故捐建學校時，我亦參加人才培育工作，事事親力親為。多年以來，為學校選址、考察教育先進學校、鼓勵學生奮進，足跡遍布香港、深圳、家鄉之間，光轎車就跑壞了十輛八輛。

　　作為一個企業家，我明白創業艱苦，深深體會到一分一毫來之不易，可是支持教育事業的發展，為培育下一代卻是無論投入多少資金財力都是值得的。

認清時勢　開啟新局

　　對於國家未來的發展，我是滿懷信心的。國家走過改革開放四十年的輝煌歷程後，改革開放依然是國家未來的戰略選擇。深信在中央強而有力的領導下，將進一步引領中國航船開啟改革開放新征程，推動改革開放一直堅定不移地進行到底。

　　國家堅持改革開放，激動人心，催人奮進。為此，恆裕集團也將繼續勵精圖治、砥礪前行，繼續積極把握國家“一帶一路”和粵港澳大灣區的重要發展戰略機遇，布局城市核心戰略版圖，與新時代國家改革開放同步前進。

　　我亦會將不斷創造的財富全部回饋社會。近年來，我們的企業也向國際教育、科技智慧等領域拓展，同時，我亦嘗試把創造財富和社

家國情匯 香江　復興夢耀 中華

會公益事業有機結合起來，把與國共運和兼善濟世有機結合起來，互促共進，冀求開啟人生的新格局。

改革開放將邁向無盡的寬度與厚度，中華民族偉大復興必將在改革開放的進程中得以實現，恆裕未來將在努力推進自身發展同時繼續履行更多的社會責任，與國家同行奮進，為實現中華民族偉大復興的中國夢作出更大的貢獻。

家國情匯香江　復興夢耀中華
——香港愛國同鄉社團紀念改革開放40周年

編輯委員會

主任委員：吳良好　譚錦球

執行委員：周安達源

委　　員：梁亮勝　施榮懷　姚祖輝　蔡加讚

　　　　　張泰超　詹耀良　馬忠禮

責任編輯：楊　彬

編　　輯：黎知明　許　煜　左　婭　周馬麗　莊　蕾　王　昊

　　　　　羅　影　鄭萬鵬　鄒李蕾　李　惟　申　雋　袁俊敏

　　　　　莫潔瑩　王一鳴　李倩妍　趙　珊　周　琦　陸建峰

　　　　　蘇志楷　洪巧靜　張　衡　胡卿旋

美術編輯：劉　雷　巫國強

出版發行：紫荊出版社

地　　址：香港上環干諾道中200號信德中心西座10樓1001室

電　　話：（852）2858 3902　　（852）2546 4582

印　　刷：三友印務有限公司

開　　本：787mm x 1092mm　1/16

國際書號：ISBN　978-988-79190-2-5